POLYGLOTT on tour

Thailand

Der Autor
Wolfgang Rössig

MAKULIERT
Entwidmet aus den Beständen
der Stadtbibliothek Tempelhof-Schöneberg

Unser E-Book-Code zur elektronischen Erweiterung des POLYGLOTT on tour. Das kostenlose E-Book enthält die im Reiseführer aufgeführten Adressen entlang der Touren, beispielsweise zu Essen und Trinken, Shoppen, Aktivitäten und Hotel-Tipps. Links auf einen externen Kartendienst vereinfachen das Auffinden dieser Adressen.

**Mit großer Faltkarte
& 80 Stickern
für die individuelle Planung**

www.polyglott.de

6 Typisch

8	Thailand ist eine Reise wert!
11	Reisebarometer
12	50 Dinge, die Sie …
19	Was steckt dahinter?
159	Meine Entdeckungen
160	Checkliste Thailand

SPECIALS

24	Kinder
52	Thai-Küche
80	Wellness
144	Elefanten

20 Reiseplanung & Adressen

22	Die Reiseregion im Überblick
26	Klima & Reisezeit
27	Anreise
27	Reisen im Land
29	Sport & Aktivitäten
32	Unterkunft
150	Infos von A–Z
154	Register & Impressum

ERSTKLASSIG!

33	Wohnen mit Stil
50	Lukullische Genüsse Asiens
72	Die heißesten Nightlife-Tipps
110	Gratis: Tolle Aussicht
126	Farbenfrohe Märkte
134	Die schönsten Tempelanlagen

34 Land & Leute

36	Steckbrief
38	Geschichte im Überblick
40	Natur & Umwelt
41	Die Menschen
43	Glaubenswelten
44	Kunst & Kultur
46	Feste & Veranstaltungen
48	Essen & Trinken
51	Shopping
158	Mini-Dolmetscher

ALLGEMEINE KARTEN

4	Übersichtskarte der Kapitel
36	Die Lage Thailands

REGIONEN-KARTEN

78	Bangkok und Umgebung
92	Der Süden
95	Phuket
107	Ko Samui und Ko Phangan
114	Nordthailand
139	Zentral- und Ostthailand

STADTPLÄNE

60	Bangkok

SYMBOLE ALLGEMEIN

 Besondere Tipps der Autoren

 Specials zu besonderen Aktivitäten und Erlebnissen

 Spannende Anekdoten zum Reiseziel

 Top-Highlights und Highlights der Destination

Top-Touren & Sehenswertes

Bangkok, Pattaya und Hua Hin
- 58 **Tour** ① Bangkok in zwei Tagen
- 59 **Tour** ② Zwei Zusatztage in Bangkok
- 62 Bangkok und Umgebung
- 78 Die östliche Golfküste
- 85 Die westliche Golfküste

Phuket und der Süden
- 90 **Tour** ③ Kreuz und quer über Phuket
- 91 **Tour** ④ Nördliche Andamanenküste für Seenomaden
- 93 **Tour** ⑤ Inselhüpfen an der südlichen Andamanenküste
- 93 **Tour** ⑥ Rund um Ko Samui
- 94 An der Andamanenküste
- 105 Ko Samui und Ko Phangan

Chiang Mai und der Norden
- 113 **Tour** ⑦ Im kühlen Reich der Bergvölker
- 115 **Tour** ⑧ Im Goldenen Dreieck
- 117 **Tour** ⑨ Tempelstädte Nordthailands
- 118 Unterwegs in Nordthailand

Zentral- und Ostthailand
- 137 **Tour** ⑩ Königspaläste und Khmer-Tempel
- 138 Zentral- und Ostthailand

Extra-Touren
- 147 **Tour** ⑪ Thailands Perlen in drei Wochen
- 148 **Tour** ⑫ Kultur und Baden in zwei Wochen

	TOUR-SYMBOLE		**PREIS-SYMBOLE**	
①	Die POLYGLOTT-Touren		Hotel DZ	Restaurant
⑥	Stationen einer Tour	€	bis 1200 Baht	bis 250 Baht
①	Hinweis auf 50 Dinge	€€	1200–3000 Baht	250–500 Baht
[A1]	Die Koordinate verweist auf die Platzierung in der Faltkarte	€€€	über 3000 Baht	über 500 Baht
[a1]	Platzierung Rückseite Faltkarte			

Perfekte Planung
Parallel Klappe vorne links aufschlagen

Touren-Start

Top 12 Highlights

★ 1 **Wat Phra Kaeo und Königspalast** › S. 62
★ 2 **Chatuchak Market** › S. 68
★ 3 **Erawan National Park** › S. 77
★ 4 **Ko Samet** › S. 83
★ 5 **Khao Phra Taeo National Park, Phuket** › S. 96
★ 6 **Similan Islands** › S. 101
★ 7 **Chaweng Beach, Ko Samui** › S. 106
★ 8 **Nachtmarkt in Chiang Mai** › S. 119
★ 9 **Pai** › S. 126
★ 10 **Ayutthaya** › S. 138
★ 11 **Khao Yai National Park** › S. 140
★ 12 **Prasat Hin Phimai** › S. 142

Zeichenerklärung der Karten

- beschriebene Region (Seite=Kapitelanfang)
- 10 E h Sehenswürdigkeiten
- 4 Tourenvorschlag
- Autobahn
- Schnellstraße
- Hauptstraße
- sonstige Straßen
- Fußgängerzone
- Eisenbahn
- Staatsgrenze
- Landesgrenze
- Nationalparkgrenze

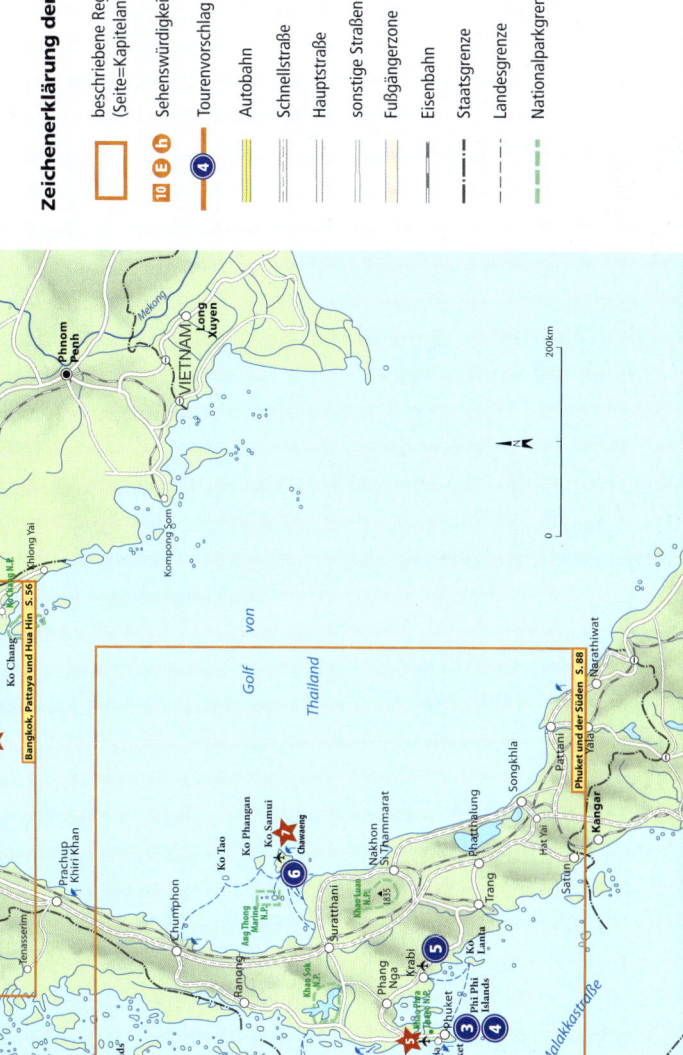

Der Krabi Phra Nang Beach – ein Traum von Urlaub und Paradies

TYPISCH

Thailand ist eine Reise wert!

Exotische Tempelanlagen, märchenhafte Paläste und farbenfrohe Märkte, tropische Strand- und Inselparadiese, eine unglaublich bunte Welt unter Wasser und Bangkok, die fiebrig-moderne Metropole mit aufregendem Nachtleben: Thailand stellt auch verwöhnte Urlauber zufrieden.

Der Autor **Wolfgang Rössig** studierte Literaturwissenschaften und Kunstgeschichte, sucht seit Jahren in Thailand nach dem perfekten Strand, entdeckt eine thailändisch anmutende Leichtsinnigkeit in Gelddingen, ist süchtig nach den scharfen Köstlichkeiten der Garküchen, bewundert die heitere Gelassenheit von Buddhastatuen und sorgt mit seinen Versuchen, Alltagswörter auf Thai richtig zu betonen, für jede Menge *sanuk* bei den Einheimischen.

Sawadee krap! Schuld ist wieder einmal ein Last-minute-Angebot: 500 Euro kostet der Flug nach Bangkok, und binnen zwölf Stunden graue deutsche Winterkälte gegen Thailands farbenfrohe Tropenwärme einzutauschen, wer könnte da schon widerstehen? Mit dem topmodernen Airport Rail Link flitze ich hinein in die feuchtheiße Metropole, die trotz Lärm und Chaos nicht wirklich einschüchtert. Denn zwischen Hochbahnen und Schnellstraßen warten Oasen der Besinnung: Ein blumengeschmückter Schrein mit bunten Geisterhäuschen und anmutigen Menschen, die mit tiefer Wai-Verbeugung Räucherstäbchen entzünden und ihre Wünsche gen Himmel schicken. Die Anspannung der Reise fällt ab, und nach einer traditionellen Massage ist der Jetlag vergessen. Mit gelösten Gliedern steuere ich die nächste Garküche an. Jetzt erst einmal eine sauerscharfe *Tom yam gung* schlürfen und voller Vorfreude in einen Topf nach dem anderen gucken, bis das schärfste Curry gefunden ist, das mir die Tränen in die Augen treibt, und

Tempel bieten Ruhe mitten in Bangkok

Thailand ist eine Reise wert!

Rot glüht die Andamanensee im Licht der Abendsonne

ich bin angekommen im »Land der Freien«.

Zugegeben, mit der Freiheit ist es derzeit nicht zum Besten bestellt. Wieder einmal sorgt das Militär für »Ruhe«, die *der farang,* wie hierzulande der Fremde heißt, so schätzt, weil ihm Sicherheit, und sei sie noch so subjektiv, wichtiger ist als Thailands steiniger Weg zur Demokratie. Trotzdem bleibt *sanuk* der Inbegriff thailändischer Lebensphilosophie. *Sanuk* bedeutet »Spaß haben«. Alles, was man tun kann, wird danach beurteilt, ob es Spaß bringt. Was nicht *sanuk* ist, unterlässt man, wann immer es geht, und wenn man wirklich mal unangenehme Dinge tun muss, dann nie, ohne wenigstens das Ganze mit etwas *sanuk* zu würzen. Das gilt selbst für die spärlich gekleideten Mädchen, die in den Bars von Pattaya gelangweilt Connect Four spielen und für manchen *farang* der Inbegriff von *sanuk* sind. Andere entdecken hinter dem geschminkten Dauerlächeln die stille Tristesse und buddhistisch geprägte Hinnahme des Unvermeidlichen.

Sanuk und Schönheit, die den Thais nicht minder wichtig ist, finde ich woanders, zum Beispiel in der Andamanensee, die in allen nur erdenklichen Blautönen leuchtet. Unter Wasser treiben es die Blumenkohl- und Feuerkorallen, die Trompeten- und Anemonenfische viel bunter als die schrillen Drag Queens bei den Travestieshows in Patong und Pattaya.

Unentdeckte Paradiese sind aber auch in Thailand rar. *Mai pen rai* – »Macht nichts!« Traumlandschaften mit spektakulären Felsformationen, weißen Puderzuckerstränden und glasklaren, türkis schimmernden Lagunen gibt es an der Andamanen- und Golfküste jede Menge. Doch selbst auf Phuket, Epizentrum der Tourismusmaschinerie des Landes, findet man noch wilde Strände, an denen Meeresschild-

Stille Würde einer Buddhastatue in der Tempelanlage Ayutthaya

Thailand ist eine Reise wert!

Eine Gläubige lässt die Glocken im Kloster von Doi-Suthep erklingen

kröten ihre Eier vergraben. Oft ist paradiesische Einsamkeit nur eine Frage der Uhrzeit. Wenn spätnachmittags das letzte bunte Longtail-Boot – in Thailand definiert als »alles was schwimmt und Höllenlärm macht« – am Horizont verschwunden ist, kann man fast mutterseelenallein durch die einzigartigen Karstkegellandschaften der Archipele von Phang Nga und Ang Thong paddeln, die flammenden Sonnenuntergänge über der spiegelglatten See und das Funkeln von Milliarden Sternen bewundern, während das Partyvolk die Vollmondnächte anderswo feiert, mit wummernden Bässen und viel Alkohol.

Selbst wirklich einsame Traumstrände – eine Vorliebe, die den stets Gesellschaft suchenden Thais eher fremd ist – gibt es noch, zum Beispiel in den marinen Märchenwelten südlich von Ko Lanta, etwa auf den 50 fast unbewohnten Urwaldinseln des Tarutao-Archipels, die der Aufschwung des Tourismus auf der schon zu Malaysia gehörenden Insel Langkawi langsam aus ihrem Dornröschenschlaf reißt. Noch kann man hier in Palmwedelhütten Robinson spielen und die Hängematte zwischen die Palmen spannen.

Szenenwechsel: Auf der Fahrt mit dem Nachtzug von Bangkok nach Chiang Mai trägt eine milde Brise die satten Düfte Zentralthailands durch das weit geöffnete Schlafwagenfenster. In und um Thailands Metropole des Nordens entfesseln Tempel mit goldüberzogenen Pagoden und Märkte mit Kunsthandwerk der Bergvölker ein Feuerwerk der Farben. Weiter westlich entfalten chinesisch anmutende Hügellandschaften im Morgennebel ihren stillen Zauber. In der Tempelstadt Sukhothai kündet das sanfte Lächeln der Buddhastatuen von der Süße des Nirvana.

Vom Tourismus noch immer etwas vernachlässigt ist das im Norden und Osten vom mächtigen Mekong beherrschte Isaan. Im Süden der Provinz warten die faszinierenden Tempel der Khmer mit ihren herrlich verzierten Prangs, dem Glück verheißenden Gott Shiva geweiht. Mit der »Khmer Cultural Route« möchte Thailand mehr Touristen in das Grenzgebiet zu Kambodscha locken, dessen Menschen nicht nur eine gemeinsame Kulturgeschichte vereint, sondern auch die Gelassenheit, an der es der Politik in der Region derzeit mangelt. *Djai yen,* ein »kühles Herz« zu bewahren, das gilt auch hier.

Reisebarometer

Pagoden und Buddhastatuen, Regenwälder und Sandstrände, elegante Hotelanlagen und eine der besten Küchen der Welt. Wir zeigen die Schokoladenseiten Thailands von einem Punkt »gut« bis sechs Punkte »übertrifft alle Erwartungen«.

Abwechslungsreiche Landschaft
Tropische Strände, idyllische Berg- und Flusslandschaften

Kultur/Besichtigungsmöglichkeiten
Beeindruckende Tempelstädte, farbenfrohe Fresken und Bangkoks moderne Höheflüge

Spaß und Abwechslung für Kinder
Strand- und Urwaldabenteuer, kinderfreundliche Thais

Kulinarische Vielfalt
Kaum ein Land kocht besser und gesünder als Thailand – und in Bangkok auch französisch und italienisch.

Abenteuer und Entdecken
Nationalparks und Feste, Bergvölker und Seenomaden

Shoppingangebot
Feines Kunsthandwerk, Seidenstoffe, exotische Gewürze

Strandurlaubqualitäten
Traumhafte Strände und Hotelanlagen

Auswahl sportlicher Aktivitäten
Vergnügen auf und im Wasser, Trekking und Klettern

Wellnessfaktor
Von taditionellen Massagen bis zu exquisiten Spas

Preis-Leistungs-Verhältnis
Viel Luxus, aber auch günstige Hütten und Garküchen

● = gut   ●●●●●● = übertrifft alle Erwartungen

50 Dinge, die Sie …

Hier wird entdeckt, probiert, gestaunt, Urlaubserinnerungen werden gesammelt und Fettnäpfe clever umgangen. Diese Tipps machen Lust auf mehr und lassen Sie die ganz typischen Seiten erleben. Viel Spaß dabei!

… erleben sollten

(1) **Dschungelfeeling** Es macht einen Affenspaß, wie ein Gibbon über Hängebrücken von Baum zu Baum zu klettern und an Ziplines über den Bergwald von Chae Hom hinwegzusausen (Treetop Asia [B2], Chiang Mai, www.treetopasia.com, 3999 Baht).

(2) **Karma günstig stimmen** Nach genauem Studium der 108 Glückssymbole auf den Fußsohlen des Erleuchteten im Wat Pho › S. 64, werfen Sie in alle 108 Almosenschalen um den Liegenden Buddha je eine 25-Satang-Münze – die gibt es vor Ort für wenige Baht.

(3) **Kiteboarding** Ein Schnupperkurs am Mae Nam Beach [B9] auf Ko Samui macht's möglich: auf dem Board unter dem Lenkdrachen über das Wasser zu flitzen (Koh Samui Kiteboarding, Tel. 086 267 11 69, 4200 Baht/3 Std.).

(4) **Trekking** Chan führt Interessierte in ein Dorf der Karen, und plaudert unterwegs in Englisch über Flora und Fauna der Wälder Nordwestthailands (Chan Nature Walks [A2], Mae Hong Song, www.trekkingthailand.com, 3000 Baht).

(5) **Jetlag-Massage** Nach dem langen Flug aus Europa beginnt der Urlaub tiefenentspannt im Spa des Oriental Hotel › S. 70 in Bangkok (2900 Baht/1 Std.).

(6) **Zu Haien tauchen** Die Riffe Hin Daeng und Hin Muang (32 Seemeilen südl. von Ko Lanta) zählen zu den spektakulärsten Tauchrevieren der Andamanensee. Oft ziehen hier sogar Walhaie vorbei. Das Ko Lanta Dive Center › S. 105 organisiert das spannende Erlebnis.

(7) **Vollkontakt** Wer beim Thaiboxen *Muay Thai* nicht nur zusehen möchte, bucht Übungsstunden (ab 500 Baht) im Sor Vorapin Boxing Gym [C6] nahe der Khaosan Rd. in Bangkok (www.thaiboxings.com).

(8) **Inselhüpfen** Eintägige Paddeltouren im Archipel des Ang Thong Marine National Park, bei denen man immer wieder zum Schnorcheln ins glasklare Wasser springt, bietet Blue Stars [B9] in Chaweng auf Ko Samui, (www.bluestars.info, Tagestrip ab 2500 Baht).

(9) **Elefantenflüsterer** Unvergesslich bleibt das Erlebnis, auf dem Rücken eines Grauen Riesens durch den Urwald in den Sonnenaufgang

50 Dinge, die Sie …

zu reiten. Elefantentrekking im Goldenen Dreieck organisiert das Luxushotel Four Seasons Tented Camp [B1] (www.fourseasons.com/golden triangle, 6500 Baht/ca. 2 Std.).

⑩ **Freeclimber's Traum** Starten Sie per Longtail-Boot frühmorgens von Krabi zu der steil aus dem Wasser ragenden Felsnadel des Ao Nang Towers › **S. 103**, denn dann liegt die Westwand noch im Schatten.

… probieren sollten

⑪  Die scharfe Hühnersuppe, die mit Zitronengras, Limetten- und Korianderblättern, Frühlingszwiebeln, Strohpilzen und Garnelen zubereitet wird, schmeckt in der Garküche von Jae Fai [C3], außerirdisch gut (327 Maha Chai Road, Banglamphu, Bangkok).

⑫ **Khao phat** Den Garküchenklassiker aus gebratenem Reis, roter Paprika, Frühlingszwiebeln und Knoblauch, Schweinefleisch *(mu)* oder Hühnerfleisch *(gai)* sollten Sie an den Ständen in der Convent Rd. von Bangkok [C6] testen. Die Menge der Chilis bestimmt die Schärfe!

⑬ **Khao niew mamuang** Klebereis mit reifer Mango ist eine Spezialität des Stands Raan Khao Niew Mamuang in Bangkoks »Fressgasse« Sukhumvit Soi 38. Okkrong-Mangos haben das feinere Aroma, Nam Dok Mai genannte Mangos sind saftiger und weniger faserig.

Hoch oben auf dem Rücken eines Elefanten

⑭ **Stinkende Königin** Einmal wenigstens müssen Sie es wagen, die auf jedem Obstmarkt in Thailand nahezu andächtig feilgebotene Durian zu kosten. Sie mag zwar müffeln wie ein Paar ungewaschene Socken, doch ihr Geschmack hat schon viele Skeptiker bekehrt. Versuchen Sie es mal auf dem Markt in Chanthaburi [D7], da die »Käsefrucht« aus dieser Gegend kommt.

⑮ **Phat Thai** Das Gericht aus Reisbandnudeln, Eiern, Erdnüssen mit Fleisch oder Meeresfrüchten gelingt auf den Woks von Thipsamai [C3] zum Niederknien (313 Maha Chai Road, Banglamphu, Bangkok).

⑯ **Guai Tiao** Köstliche Nudelsuppen zu 80 Baht kann man an jeder Garküche schlürfen, aber die Luxusvariante mit Kobe-Rindfleisch gibt's für 550 Baht bei Nuer Koo Noodle Soup im 4. Stock des Einkaufszentrums Siam Paragon › **S. 67**.

⑰ **Som tam** Im Isaan sehr beliebt ist der aus dünnen Streifen grüner

Tempeltänzerinnen voller Grazie

Papayas, Cocktailtomaten, getrockneten Krabben, kleinen Krebsen und viel Chili zubereitete Salat. In Bangkok kann man Varianten am Isaan-Stand im MBK Food Island des MBK-Center › S. 67 testen.

(18) **Boo Paht Pong Karee** Das Krebscurry, abgeschmeckt mit frischer Austernsoße und scharfen Chilis, mundet in den kleinen Seafoodlokalen am Strand von Ao Nang bei Krabi besonders gut, z.B. im Anchalee › S. 103.

(19) **Feines Würstchen** In Chiang Mai muss man unbedingt *Sai ua* probieren. Diese mit Zitronengras, Ingwer, Kurkuma und roter Currypaste pikant gewürzten und mit Klebreis als Vorspeise servierten Schweinswürstchen sind eine nordthailändische Spezialität. Suchen Sie auf dem Warorot-Markt [B2] den Stand mit der längsten Schlange!

(20) **Willkommensdrink** Die Hotelbar des Arun Residence › S. 69 in Bangkok mixt den *Sabai Sabai* aus dem goldfarbenen Mehkong Whisky mit Limettensaft, Sirup, Basilikum und Club Soda gut und gern.

... bestaunen sollten

(21) **Tänzerische Anmut** Die Tänzerinnen mit dem hohen goldenen Kopfputz, die meist am Wochenende vor dem Lak-Muang-Schrein › S. 63 in Bangkok mythologische Szenen aus den großen asiatischen Epen darbieten, lassen für Momente die Hektik der Metropole vergessen.

(22) **Zauber der Unterwelt** Langsam gleiten die Bambusflöße durch die zauberhafte Tropfsteinhöhle Tham Lot [A1], Stalagmiten und Stalagtiten schimmern im Schein der Bootslampen.

(23) **Blume Buddhas** Die Lotusblüte zählt als Symbol für Reinheit, Treue, Schöpferkraft und Erleuchtung zu den acht Kostbarkeiten des Buddhismus und ist in den Teichen der Tempelanlagen zu bewundern.

(24) **Farbige Vita** Auf dem Gelände des Nationalmuseums › S. 63 in Bangkok schildern über 200 Jahre alten Fresken 28 Szenen aus dem Leben Buddhas.

(25) **Lichterfest in Chiang Mai** [B2] Bei Vollmond im November steigen nachts Hunderte kleiner Heißluftballons mit den Wünschen der Gläubigen gen Himmel, während auf dem Wasser kleine Schiffe mit

Räucherstäbchen, Kerzen und Opfergaben ihre Sünden davontragen.

(26) Bunte Riesenschlange Eine in Stein gehauene siebenköpfige Naga-Schlange windet sich an beiden Seiten der Treppe mit 309 Stufen zum Tempel Wat Phra That Doi hinauf › **S. 124**.

(27) Sonnenaufgang in Ayutthaya Im Morgenlicht scheinen die Tempel › **S. 139** zu glühen. Was im grellen Mittagslicht unmöglich ist, gelingt nun: wirklich magische Fotos.

(28) Wie hingetuscht Vom Sunset Viewing Point des Tempels Wat Doi Kong Moo › **S. 125** schweift der Blick in der Abenddämmerung über die Hügel von Mae Hong Song mit dem von Tempeln gesäumten Kham Lake.

(29) Thailands schönste Hand Der Sitzende Buddha im Wat Sri Chum in Sukhothai › **S. 132** ist von atemberaubender Eleganz. Die vier schlanken vergoldeten Finger der rechten Hand symbolisieren die Niederlage des Dämonen Mara.

(30) Bangkoks schönste Aussicht Im Open Air Restaurant Vertigo und in der Moon Bar im 61. Stock des Banyan Tree Hotel › **S. 69** liegt Ihnen die abendlich funkelnde Metropole zu Füßen. Die besten Fotos gelingen, wenn die letzten Sonnenstrahlen den Himmel orange färben.

(31) Traumstrand Das von Dschungel überzogene Eiland Ko Hai [B11] südlich von Ko Lanta lässt mit türkisblauem klaren Meer, schneeweißem Puderzuckersand und bunten Booten vom Paradies träumen.

... mit nach Hause nehmen sollten

(32) Gewürze Chilischoten, Ingwer, Zironengrass und eine riesige Auswahl abgepackter Currypasten für's »Nachschmecken« daheim finden Sie auf jedem Lebensmittelmarkt oder im Food Court des Einkaufszentrums Siam Paragon › **S. 67**.

(33) Reisschüssel aus Bambus Robuste Korbwaren der Bergvölker Akha und Lahu finden Sie z.B. bei Thai Tribal Crafts › **S. 123** in Chiang Mai.

(34) Duft des Nirvana Nach jedem Tempelbesuch wird ihnen der süßzarte Räucherduft stundenlang anhaften. Nehmen Sie das Aroma mit nach Hause! Die Räucherstäbchen ihres Lieblingstempels werden vor Ort für wenige Baht verkauft

(35) Nordthailands Schattenspender Sonnenschirme aus Bambus und Sa-Papier aus der Rinde des Maulbeerbaums sorgen jederzeit für sommerliche Leichtigkeit. Im Umbrella Making Center von Boh Sang [B2] bei Chiang Mai werden die Papierschirme mit filigranen Blumenmotiven verziert.

(36) Schattenspielfiguren Mit den bei Nakhon Si Thammarat gefertigten Figuren können Sie die Abenteuer des Affenkönigs Hanuman im heimischen Kinderzimmer nachspielen. Die beste und günstigste Auswahl finden Sie auf Bangkoks Chatuchak Market › **S. 68**.

(37) Mudmee-Seide Wundervoll gemusterte seidige Kissenbezüge, Decken und Vorhänge (Maße mitnehmen!) verkauft das Silk & Cultural Center › **S. 142** im Seidenweberdorf Pak Thong Chai bei Khorat.

(38) Thailand auf dem Silberteller Die Bergvölker Nordthailands bearbeiten kunstvoll Silber; auf den getriebenen Schalen sind manchmal Szenen aus der Geschichte Siams dargestellt. Besonders gute Qualität bietet Louis Silverware [B2], 99/1 San Kamphaeng Rd. Chiang Mai.

(39) Hemd nach Maß Vater und Sohn Rajawongse › **S. 75** in Bangkok schneidern Ihnen ein Maßhemd aus bestem Baumwollstoff ab ca. 35 €.

(40) Aromatherapie Die thailändischen Massageöle der nach Zitronengras und Kaffernlimette duftenden »Oriental Essence« von Thann entspannen zu Hause wie im Urlaub. Sie bekommen sie z. B. im Thann Sanctuary Spa, Einkaufszentrum Emporium › **S. 74** in Bangkok.

(41) Keramik in Smaragdfarben Orginell sind die grün- und blauschimmernden Teeservices mit Kännchen in Elefantenform aus Seladon-Keramik. Eine schöne Auswahl führt Baan Celadon › **S. 122**, Sankamphaeng Rd. außerhalb von Chiang Mai.

... bleiben lassen sollten

(42) Gesichtsverlust Setzen Sie auf Gelassenheit und lächeln Sie dabei, so viel sie können. Mit Humor lassen sich oft aussichtslose Situationen bereinigen. Wer seinem Ärger lautstark Luft macht, wird verächtliche Blicke ernten › **S. 19**.

(43) Kindern in Barvierteln Waren abkaufen Hintermänner organisieren das Geschäft mit dem Mitleid genauso straff wie die Bettelei, sodass die Kinder bis frühmorgens arbeiten müssen.

(44) Buddhafigur ausführen Abbildungen des Erleuchteten, auch aus industrieller Fertigung, dürfen nicht ausgeführt werden. Das Verbot gilt nicht für Amulette, die am Körper getragen werden.

Fein gewebte Seidenstoffe

50 Dinge, die Sie …

Wenn auch noch so verlockend, nach Hause mitnehmen darf man den Buddha nicht

45 Muscheln im Gepäck Nicht nur Korallen oder Krokodile stehen unter Artenschutz › **S. 153**, auch am Strand gesammelte Muscheln dürfen meist nicht ausgeführt werden. Machen Sie von den schönsten Exemplaren ein Foto und überlassen Sie die Gehäuse wohnungssuchenden Einsiedlerkrebsen.

46 Plastikgeld aus den Augen lassen Kreditkartenmissbrauch ist in Thailand leider gang und gäbe. Zahlen Sie möglichst bar. Ansonsten überwachen Sie den Zahlungsvorgang, damit im Hinterzimmer niemand eine Dublette anfertigt.

47 Backpacker-Busse Für 400 Baht vom Hotel in Bangkok abgeholt und zu den beliebtesten Reisezielen kutschiert werden? Leider sind bei den Backpacker-Bussen eine hochriskante Fahrweise, endlose Verspätungen, unbequeme und meist unversicherte Fahrzeuge, Diebstähle und Betrügereien eher die Regel als die Ausnahme. Dabei sind reguläre Busse kaum teurer.

48 Motorradfahrten Besonders die Serpentinenstraßen von Phuket, Ko Samui und Ko Phangan sind gefährlich für Zweiradfahrer. Wenn Sie kein alhoholisierter einheimischer Fahrer ins nächste Leben befördert, bleibt oft der Ärger mit dem Vermieter, der sich jeden noch so winzigen Kratzer vergolden lässt. Nie den Pass als Pfand hinterlassen!

49 Dem Falschen vertrauen Trinken Sie nie aus bereits geöffneten Flaschen oder Dosen und lassen Sie die Finger von jeglichen Drogen, die oft auch von Polizeispitzeln angeboten werden. Schon beim Besitz kleinster Mengen drohen langjährige Haftstrafen.

50 Edelsteine kaufen Tuk-Tuk-Fahrer oder Guides lotsen sie gern in protzige Läden, die Ihnen garantiert minderwertige Ware andrehen › **S. 51**. Wenn Sie aber die Preziosen (in Begleitung der Touristenpolizei) umgehend zurückgeben, muss man Ihnen laut Gesetz 80 % des Kaufpreises erstatten.

Die ganze Welt von POLYGLOTT

Mit POLYGLOTT ganz entspannt auf Reisen gehen. Denn bei über 150 Zielen ist der richtige Begleiter sicher dabei. Unter www.polyglott.de können Sie ganz einfach direkt bestellen. GUTE REISE!

Meine Reise, meine APP!

Ob neues Lieblingsrestaurant, der kleine Traumstrand oder ein besonderes Erlebnis: Die kostenfreie App von POLYGLOTT ist Ihre persönliche Reise-App. Damit halten Sie Ihre ganz individuellen Entdeckungen mit Fotos und Adresse fest, verorten sie in einer Karte, machen Anmerkungen und können sie mit anderen teilen.

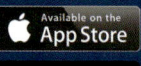

Kostenloses Navi-E-Book

Unser E-Book-Code zur elektronischen Erweiterung des POLYGLOTT on tour. Das kostenlose E-Book enthält die im Reiseführer aufgeführten Adressen entlang der Touren, beispielsweise zu Essen und Trinken, Shoppen, Aktivitäten und Hotel-Tipps. Links auf einen externen Kartendienst vereinfachen das Auffinden dieser Adressen.

Geführte Tour gefällig?

Wie wäre es mit einer spannenden Stadtrundfahrt, einer auf Ihre Wünsche abgestimmten Führung, Tickets für Sehenswürdigkeiten ohne Warteschlange oder einem Flughafentransfer?
Buchen Sie auf **www.polyglott.de/tourbuchung** mit rent-a-guide bei einem der deutschsprachigen Guides und Anbieter weltweit vor Ort.

www.polyglott.de
Besuchen Sie uns auch auf facebook.

Was steckt dahinter?

Die kleinen Geheimnisse sind oftmals die spannendsten. Wir erzählen die Geschichten hinter den Kulissen und lüften für Sie den Vorhang.

Was bedeutet das Figurensammelsurium in den Taxis?

Buddhastatuen, Amulette und Fotos von Mönchen sowie Mitgliedern der Königsfamilie kleben auf dem Armaturenbrett, außerdem zieren Yantra-Diagramme das Innendach, Blumengirlanden und Perlenketten hängen vom Innenspiegel, stets der thailändischen Devise »mehr ist besser« folgend. Gewissermaßen sind diese Minialtäre die Lebensversicherung des Fahrers, sein Schutz gegen das schlechte Karma, das Sie, werter Fahrgast, ihm ins Fahrzeug tragen. Die Alternative – nämlich einfach umsichtiger zu fahren – ist in der thailändisch-buddhistischen Vorstellungswelt, in der das eigene Schicksal weitgehend vorbestimmt ist, nicht vorgesehen. Aber mit dem Ihnen zugedachten Schicksal möchte der Fahrer lieber nichts zu tun haben.

Was bedeuten Wollfäden am Handgelenk?

Trägt eine Person Wollfäden um das Handgelenk, möchte sie damit ihr *khwan,* die »freie Seele«, an den Körper binden und sich so Glück und Gesundheit sichern oder zurückholen. Denn wenn ein *khwan* den Körper verlässt, bedeutet das auf jeden Fall Krankheit und Unglück. Besucher bekommen meistens von buddhistischen Mönchen einen Wollfaden um das Handgelenk gebunden. Sie sollten darauf achten, dass der Faden möglichst von selbst abfällt.

Warum lächeln Thais eigentlich so viel?

Nichts fürchten Thailänder mehr als den Gesichtsverlust; offene Konflikte werden daher, wenn irgendwie möglich, vermieden. **50 Dinge** (42) › S. 16. Mit Lächeln geht das am besten. Achten Sie besonders auf die Körpersprache des anderen: So bedeutet eine zögerlich-positive Auskunft, verbunden mit einem Lächeln, fast immer: »Ich weiß es nicht« oder »eigentlich geht es nicht«. Taktvolle Touristen vermeiden daher schon von vornehrein alles, was irgendjemanden in Schwierigkeiten und damit bloßstellen könnte. Macht ein Thai einen Fehler, wird der Gesichtsverlust weggelächelt. Passiert Ihnen ein peinliches Missgeschick, wird ihr Gegenüber ebenfalls lächeln. Mit Schadenfreude hat das allerdings rein gar nichts zu tun, vielmehr möchte die Person verhindern, dass Sie Ihr Gesicht verlieren. Lächeln Sie zurück und sagen Sie: »Mai pen rai« (Macht nichts!), um die peinliche Situation zu bereinigen. Übrigens senkt ein gewinnendes Lächeln beim Feilschen viel eher die Preise als ein grimmiges Gesicht.

Bangkok glänzt mit prachtvollen Tempeln und Königspalästen

REISE-PLANUNG & ADRESSEN

Die Reiseregionen im Überblick

Bangkok mag ein feuchtheißer Stadtmoloch sein, doch lässt sich der Aufenthalt hier durchaus angenehm gestalten. Die wichtigsten Sehenswürdigkeiten sind bequem mit Flussfähren und kurzen Spaziergängen zu erreichen.

Die Einkaufspaläste sind ohnehin eher zu kühl als zu heiß, und mit dem Skytrain gehen Sie dem infernalischen Verkehr elegant aus dem Weg. Wenn Sie hauptstadtnahen Urlaub am Meer mit Schwerpunkt Amüsement lieben, hält **Pattaya** das preisgünstigste Angebot für Sie bereit. Weiter östlich liegt die Insel Ko Samet mit feinen Sandstränden, die jedoch unter dem Ansturm der Ausflügler aus Bangkok leidet. Deutlich gediegener, auch etwas teurer, geht es in **Hua Hin** zu, wo sich insbesondere ältere Gäste am langen, flachen Strand mit ewigen Plätscherwellen wohlfühlen. Beliebte Ausflüge in die Umgebung westlich von Bangkok sind die berühmte Brücke über den Kwai und die erfrischenden Kaskaden des Erawan National Park.

Schneeweiß oder golden leuchten die Sandstrände im Süden Thailands, azurblau schimmert das Meer, smaragdgrün manche Insellagune. Wenn Sie möglichst in dichter Abfolge tauchen, tanzen, dinieren, einkaufen und sich sonstwie vergnügen wollen, dann ist **Phuket** während der Hauptsaison im Winter die erste Wahl. Luxuriöse Hotelresorts verwöhnen hier ihre Gäste mit Wellness, während die Bierbars von Patong Beach eher dem Sündenbabel Pattaya nacheifern. Taucher lieben Khao Lak an der Andamanenküste und die vorgelagerten Similan Islands, Romantiker faszinieren die von dramatischen Felsformationen gerahmten Postkartenstrände von Krabi und die von malerischen Karstfelsen gesprenkelte Phang Nga Bay. Individualisten fühlen sich an den ruhigen, aus-

Entspannen auf Ko Samui

Die Reiseregion im Überblick

gedehnten Stränden von Ko Lanta wohl. Auch die Inseln der südlichen Golfküste sind beliebte Ziele für den Badeurlaub. Perfekt erschlossen ist **Ko Samui**, an dessen schönem Chaweng Beach sich Resort an Wellnesstempel reiht. Individualisten und junge Urlauber zieht es daher eher nach Ko Phangan, und das nicht nur der legendären Full Moon Partys wegen. Taucher setzen dagegen lieber gleich auf das kleine Ko Tao über, denn hier ist die bunt schillernde Unterwasserwelt des Golfs nur eine kurze Bootsfahrt entfernt. Mit dem Kanu kann man die unbewohnten Inseln des Meeresnationalparks Ang Thong mit ihren schroffen Klippen und unberührten Stränden entdecken.

Kulturreisende und Trekking-Fans zieht es in den **Norden Thailands**. Die Tempel von Sukhothai, Si Satchanalai, Lampang und Lamphun faszinieren mit ihren Glückseligkeit verheißenden Buddhastatuen. **Chiang Mai**, das Zentrum des Nordens, ist wegen seines legendären Nachtmarkts und der umliegenden Kunsthandwerksdörfer das Shoppingparadies des Landes. Die schön gelegenen Trekkinghochburgen Pai und Mae Hong Song locken im Osten von Chiang Mai mit Ausflügen in die Dörfer der Bergvölker. Chiang Rai im Norden ist das Sprungbrett für einen Besuch des einst so berüchtigten Goldenen Dreiecks am Mekong. Hier blickt man über die Grenze hinüber in die Urwälder von Laos und Myanmar.

Die Glanzpunkte der »Reisschüssel« **Zentralthailand** sind die Ruinenstadt Ayutthaya und der königliche Sommerpalast Bang Pa In, beide einen Tagesausflug von Bangkok entfernt. Von Ayutthaya oder Bangkok erreicht man in wenigen Stunden den Isaan, wie die Thais den **Nordosten** nennen. Hier sind die in der Umgebung der Provinzhauptstadt Khorat gelegenen Tempelanlagen der Khmer sehenswert: Prasat Hin Phimai und Prasat Phanom Rung. Naturfreunde kommen im Khao Yai National Park östlich von Khorat auf ihre Kosten. Durch die Primärwälder dort streifen noch Tiger, Leoparden und Elefanten.

Daran gedacht?

Einfach abhaken und entspannt abreisen

- [ ] **Impfschutz gegen Tetanus, Polio, Diphterie auffrischen**
- [ ] **Reisepass**
- [ ] **Flug-/Bahntickets**
- [ ] **Kreditkarte**
- [ ] **Führerschein** (Leihwagen)
- [ ] **Zeitungsabo umleiten/abbestellen**
- [ ] **Sitter für Pflanzen und Tiere**
- [ ] **Postvertretung organisiert**
- [ ] **Hauptwasserhahn abdrehen**
- [ ] **Fenster zumachen**
- [ ] **Heizung drosseln**
- [ ] **Medikamente einpacken**
- [ ] **Sonnen- und Mückenschutz**
- [ ] **Warme Strickjacke**
- [ ] **Handy, Kamera mitnehmen**
- [ ] **Ladegeräte, Ersatzakkus**
- [ ] **Adapter für Flachstecker, 220 Volt/50 Hz einstecken**

SPECIAL

Mit Kindern unterwegs

Thais sind ausgesprochen kinderlieb und hilfsbereit. In den Restaurants kümmert man sich rührend um die Kleinen. Man ist sehr nachsichtig mit ihnen, wenn sie etwas herumtoben, und bereitet ihnen gern extramilde Gerichte zu. Kinder unter 12 Jahren zahlen in der Regel nichts, wenn sie im Zimmer ihrer Eltern übernachten. Eine kleine Gebühr kann für ein spezielles Kinderbett fällig werden. Jedes bessere Resort hat verlässliche Babysitter an der Hand, und oft gibt es besonders kinderfreundliche Poolabschnitte fürs unbeschwerte Planschen. Urlaub auf Phuket oder Ko Samui ist für Kinder ideal, wenn Sie ein Quartier wählen, bei dem keine Straße das Hotel vom Strand trennt. Vermeiden Sie in Patong wenigstens den Mittelabschnitt des Strandes, dessen sehr offene Rotlichtszene ohnehin kaum für Familien geeignet ist.

Denken Sie an die eventuell notwendige Auffrischung von sinnvollen Impfungen (Infos unter www.fit-for-travel.de). Eine Malariaprophylaxe ist allerdings nicht erforderlich. Mietwagen haben in Thailand so gut wie nie kindergerechte Sitze, Taxis oft noch nicht mal Sicherheitsgurte. Buggys können Sie auf den verstopften und holprigen Bürgersteigen Bangkoks vergessen: Nehmen Sie lieber ein Tragetuch mit. Beim Inselhüpfen sollten Sie Rettungswesten für Kinder billig vor Ort erstehen: Auf den Booten gibt es meist keine. Vor Ort sind Windeln und Babynahrung in jedem Seven Eleven Shop erhältlich, allerdings in der Regel nicht die bevorzugte Marke. Kinderkleidung wird in Thailand hergestellt und ist oft spottbillig. Beruhigend zu wissen: Die medizinische Versorgung ist in den Touristenzentren vorzüglich.

Das könnte Kindern gefallen

- **Strandfreuden:** Viele Strände Südthailands sind wahre Kinderträume. Auf Phuket sind Bang Tao, Kata Noi und Karon besonders geeignete Strände, auf Ko Samui die weichen feinsandigen Hauptstrände. Auf Ko Lanta empfiehlt sich vor allem der flache, breite Klong Dao. Viele Tauchcenter unterrichten auch Kinder: Das speziell für Kinder konzipierte »Bubblemaker-Programm« können bereits Achtjährige mitmachen.
- **Elefantenreiten:** Exkursionen auf dem Rücken der Dickhäuter werden überall angeboten, wo auch Touristen zu finden sind. Ritte durch den kühlen Wald im Nordosten Phukets werden Kinder sicher begeistern. Auf Ko Samui sind Touren durch den Urwald zu den Wasserfällen von Na Muang besonders tier- und kinderfreundlich. Im Norden Thailands empfiehlt sich besonders das **National Elephant Conservation Centre** südöstlich von Chiang Mai (› Special »Elefanten« **S. 144**). Verzichten Sie unbedingt auf Ritte am Strand und in praller Sonne – das ist für den Menschen kein Vergnügen und für die Tiere eine Qual.
- **Shows und Abenteuerparks:** Das grandiose und aufwendige Showspektakel **Phuket FantaSea** › **S. 96** fasziniert auch Kinder, wahrscheinlich besonders die Tiger und die Pyrotechnik. Auch die im **Thai Village/Orchid Garden** von Phuket gezeigten Schwertkämpfe und das (entschärfte) Thaiboxen sind aufregend. Ko Samui bietet mit dem **Namuang Safari Park** jede Menge Abenteuertouren und verschiedene Shows mit Elefanten, Krokodilen und Affen. Bangkoks **Chatuchak Market** hat ein interessantes interaktives Children's Discovery Museum. Ein Heidenspaß ist auch der ausgedehnte Themenpark Dream World (www.dreamworld.co.th/en) nördlich des alten Don Muang Airport von Bangkok.
- **Aquarien und Natur:** Haie, Meeresschildkröten und bunte Korallenfische kann man im **Samui Aquarium** auf dem Gelände des Samui Orchid Resorts und in Phukets Aquarium am Cape Panwa sehen. Ein weiteres Aquarium gibt es im Butterfly Garden bei Phuket Town, durch den unzählige bunte tropische Schmetterlinge flattern. Noch größer ist das Aquarium in der **Sea Life Bangkok Ocean World** › **S. 67**. Sogar durch einen richtigen Regenwald kann man dort spazieren.

Spaß beim Schnorcheln im Pool

Klima & Reisezeit

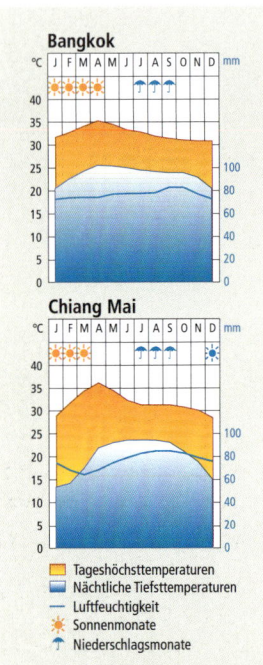

Thailand hat ein tropisches Klima mit drei Jahreszeiten. Ideale Reisezeit ist der **trockene Winter**.

Von November bis Februar sind die Tagestemperaturen am angenehmsten, nachts kann es aber in Höhenlagen des Nordens und Nordostens zu Temperaturstürzen bis nahe 0 °C kommen. Im Süden dagegen bleibt es warm.

In der **heißen Jahreszeit** von März bis Mai herrschen Hitze und hohe Luftfeuchtigkeit, unter der auch die Thais leiden. Europäer halten es dann im Allgemeinen nur an den südlichen Küsten aus. Zu Niederschlägen kommt es kaum. In der **Regenzeit** zwischen Mai und Oktober beschert der Südwestmonsun dem ganzen Land unregelmäßige, schwere Niederschläge. Sofern man auf ausgedehnte Wanderungen in ländlichen Gebieten verzichtet, ist auch die Regenzeit insgesamt recht angenehm. An der Andamanenküste und auf Phuket regnet es hauptsächlich im Mai/Juni und September/Oktober. Eine eigene Klimazone hat der südliche Golf, wo das ganze Jahr über fast gleichmäßig verteilt Regen fällt, Oktober und November jedoch verstärkte Niederschläge bringen.

Während der thailändischen **Ferienzeiten** (Mitte März–Mitte Mai und drei Wochen im Oktober) und speziell um Songkran (Mitte April) › S. 47 sollten Sie gut planen und vorausbuchen.

Transport in der Regenzeit

Anreise

Bangkok wird von allen großen Fluggesellschaften angeflogen, darunter Lufthansa, Austrian Airlines, Thai Airways, Singapore Airlines und Emirates.

Sonderangebote gibt es schon ab 500 Euro. Air Berlin und Condor fliegen im Saisoncharter nicht nur nach Bangkok, sondern auch direkt nach Phuket. Flugzeit: 10–15 Std.

Manche Fluggesellschaften verlangen die Rückbestätigung des Rückfluges mindestens 72 Stunden vorher. Ob telefonisch oder persönlich: Lassen Sie sich unbedingt den »reconfirmation code« geben!

Reisen im Land

Mit dem Flugzeug

Thai Airways (www.thaiair.com) unterhält ein dichtes und sehr preiswertes Inlandsflugnetz, das durch mehrere private Fluglinien ergänzt wird, darunter Bangkok Airways (www.bangkokair.com). Drei Billigflieger (www.airasia.com, www.nokair.com, www.flyorientthai.com) lassen sich übers Internet oder direkt am Flughafen buchen und bieten konkurrenzlos niedrige Preise für Inlands- und Regionalflüge, z. B. von Bangkok nach Chiang Mai, Phuket, Singapur oder Kuala Lumpur. Die Privaten bedienen auch Strecken wie Chiang Mai–Mandalay (Myanmar) oder Bangkok bzw. Phuket–Siam Raep (Angkor Wat/Kambodscha).

Mit dem Bus

Das Straßennetz ist hervorragend ausgebaut, die Verbindungen, die von Bangkok aus sternförmig das ganze Land erschließen, sind häufig, preiswert und zuverlässig. Die staatliche Verkehrsgesellschaft bietet drei Klassen an: orange Standardbusse *(rot daeng)* mit dichter Bestuhlung und üppiger Frischluftzufuhr, die auf Handzeichen am Straßenrand halten und entsprechend langsam sind. Blaue klimatisierte *(ac)* Busse, die nur in größe-

Verkehr an Bangkoks Lumpini Park

ren Orten stoppen, sowie klimatisierte VIP-Busse mit mehr Beinfreiheit. Die staatlichen Busse fahren öffentliche Terminals *(Baw Kaw Saw)* an, wo auch die Tickets verkauft werden. Auf vielen Strecken verkehren außerdem private Gesellschaften, die ihre Tickets über Reisebüros und Hotels vertreiben und häufig eigene Terminals haben.

Mit dem Zug

Auch das Eisenbahnnetz ist gut ausgebaut. Buchungen erfolgen über ein Computersystem an den Bahnhöfen. Die Vielfalt an Klassen und Arten (Express, Rapid, Special etc.) ist verwirrend, doch gibt es eine echte Attraktion: Auf den langen Strecken verkehren 2.-Klasse-Schlafwagen ohne Klimaanlage. Wenn Sie die etwas teurere untere (!) Reihe buchen, bekommen Sie ein geräumiges, sauberes Bett mit Platzservice für Essen und Getränke. Der Clou jedoch ist ein eigenes Fenster über die ganze Länge des Bettes, das sich öffnen lässt, sodass Sie Thailand mit all seinen Gerüchen und Geräuschen an sich vorbeiziehen lassen können. Auf der Website der Staatsbahnen finden Sie alle Fahrpläne und Tarife: www.railway.co.th

Mit dem Mietfahrzeug

Das Angebot reicht vom Fahrrad über das Moped (200–400 Baht pro Tag) bis zum Pkw und Jeep (1000–2000 Baht pro Tag). Die Fahrzeuge billiger Verleiher sind häufig technisch schlecht gewartet, der Versicherungsschutz oft völlig unzureichend. In Bangkoks Verkehrschaos zu fahren, erfordert extreme Geduld. Grundsätzlich sollten Sie besonnen und nicht nach Einbruch der Dunkelheit fahren. Thailand hat Linksverkehr sowie moderne Verkehrsregeln, die gelegentlich sogar beachtet werden. Erforderlich sind neben einem internationalen Führerschein v. a. äußerste Vorsicht, da man bei einem Unfall unweigerlich Ihnen die Schuld geben wird. Rufen Sie im Notfall stets die Versicherung an – im Eigeninteresse wird sie Ihre Rechte wahren!

Öffentlicher Nahverkehr

Das Tuk-Tuk ist eine dreirädrige Motorrikscha mit Sitzbank, Verdeck und oft unberechenbaren Chauffeuren. Es ist nur für sehr kurze Strecken empfehlenswert. Tuk-Tuks gibt es hauptsächlich in Bangkok und Chiang Mai. Grundsätzlich ist der Preis vorher auszuhandeln. Eine Tour von einigen Kilometern sollte in Bangkok nicht mehr als 80 Baht, in Chiang Mai nicht über 50 Baht kosten. In den kleinen Provinzhauptstädten gibt es für wenige Baht noch immer die klassischen Fahrradrikschas *(samlor)*. Das populärste öffentliche Verkehrsmittel für kürzere Überlandstrecken ist das *songthaeo*: mit Verdeck und engen Bänken ausgerüstete Pick-ups oder Kleinlaster, die in Städten wie Chiang Mai oder Pattaya auch als Sammeltaxi eingesetzt werden.

Sport & Aktivitäten

Thailand mit seinen paradiesischen Stränden und dem kristallklaren Wasser ist ideal für sämtliche Wassersportarten. Aber auch Trekking auf Schusters Rappen, Elefanten- oder Pferderücken sind beliebt.

Wassersport

Paragliding, Surfen, Jet- und Wasserski wird mittlerweile an fast allen erschlossenen Stränden angeboten.

Segeln lohnt entlang der Ostküste südlich von Pattaya und um Ko Samui, dort aber nur im Sommer. Das zweifellos schönste Revier aber ist Phuket (Asia Marine, www.asiamarine.net). Tagestouren können in Hotels und bei Veranstaltern gebucht werden. Meistens geht es um das Mitsegeln, sodass Sie selbst nicht zugreifen müssen oder Vorkenntnisse benötigen. Wer selbst segeln will und eine Jacht chartern möchte, sollte dies am besten schon bei einem der Spezialveranstalter im Heimatland und möglichst rechtzeitig im Voraus organisieren!

In allen größeren Badeorten wetteifern private Tauchschulen in allen Sprachen um die Gunst der Kunden. Sehr schöne Tauchgründe finden sich um die Inseln (Ko) Similan, Surin, Lanta und Tao.

Reiten

Ein Pferd kann man am Strand von Hua Hin mieten, gute Reitställe finden Sie aber auch auf Phuket, z. B. an den Stränden Nai Harn und Bang Tao im Südwesten bzw. Nordwesten der Insel.

Elefantenreiten, ein Erlebnis der besonderen Art, ist unter Tier-

Einladung zum Ausritt am Strand von Hua Hin

schutzaspekten teilweise bedenklich. Wenn Sie den grauen Riesen wohlgesonnen sind, reiten Sie nur im Wald. Gute Gelegenheiten finden Sie im Norden, im Westen sowie in Ayutthaya. Angebote gibt es zwar überall, doch die Skandale wegen Tierquälerei mehren sich. Auf keinen Fall gehören die empfindlichen Dickhäuter an den Strand oder in die Großstadt!

Floßfahrten
Kurztouren und mehrtägige Trips auf dem River Kwai starten in Kanchanaburi › **S. 76**. Auf dem Mae Kok können Sie per Floß von Thaton nach Chiang Rai › **S. 131** treiben. Sehr gelobt werden auch die Touren ab Pai › **S. 127**.

Golf
Erstklassige Plätze gibt es bei Bangkok, Chiang Mai, Chiang Rai, Kanchanaburi, Hua Hin, Cha-Am und Pattaya sowie auf Phuket. Caddys und Ausrüstung sind überall zu mieten, Gastspieler willkommen. Die besten Infos zum Thema Golfen in Thailand finden sie im Internet unter www.golfinthailand.com.

Meditation
Nur wer ein erhebliches Maß an Selbstdisziplin besitzt, wird die erforderliche Konzentration aufbringen und die strengen Regeln erfüllen können, die auch in den englischsprachigen Kursen für Ausländer gelten. Zum Schnuppern eignen sich die Kurse des **International Buddhist Meditation Centre** im Wat Mahathat am Sanam Luang in Bangkok (Tel. 0 2623 5881).

Thaiboxen
Wer boxen lernen möchte, kann sich an das Muay Thai Institute (Pathum Thani, www.muaythai-institute.net) wenden, eine renommierte Institution, die eine breite Palette von englischsprachigen Kursen anbietet.

Trekking
Wandertouren werden im gesamten nordthailändischen Raum im Rahmen mehrtägiger Besuche bei Bergvolkdörfern angeboten – ein lukratives Geschäft, was leider manche Veranstalter schamlos ausnutzen. Im Extremfall werden Sie zu überhöhten Preisen auf Umwegen in angeblich unberührte Dörfer geführt,

Meditationen im Kloster versprechen Ruhe für Körper und Geist

Sport & Aktivitäten

Trekking zu einem Dorf der Karen in Nordthailand

die seit Jahren täglich eine wahre Touristeninvasion erleben. Ein gelungenes Trekking bietet andererseits fantastische Impressionen von Menschen, Kulturen und Landschaften. Als generelle Faustregel kann man sich merken: Je kleiner der Ausgangsort ist, desto preiswerter und interessanter sind die angebotenen Treks.

Da es praktisch kein Bergvolkdorf mehr gibt, in dessen Nähe nicht eine gut ausgebaute Straße vorbeiführt, betragen die noch zu laufenden Strecken höchstens 20 km, meist weniger. Eine teure Anreise per Mietwagen, Hubschrauber oder Elefant mag zwar der Illusion Abenteuer dienen, notwendig ist sie auf keinen Fall. Analoges gilt für die Verpflegung. In den Bergen isst man gekochten Reis mit Gemüse – spärlich, aber jedem zuträglich. Selbst in den ärmsten Dörfern sind zudem Eier, Konserven und abgekochtes Wasser erhältlich. Meiden Sie Trekking Guides, die in Rambo-Monturen daherkommen, als gelte es, gefährlichen Dschungel zu meistern. Tatsächlich gefährlich sind einige Routen entlang der Grenze zu Myanmar, aber diese Gegenden hat die Armee ohnehin gesperrt.

SEITENBLICK

Verzichten Sie …

Findige Veranstalter im Norden preisen eine Package-Tour zu den Langhalsfrauen an, die sehr zweifelhaft ist: Die etwa 40 Frauen einer Untergruppe des Padong-Stammes, die nach einer aussterbenden Tradition schwere Messingreifen um Arme, Beine und Hals tragen, werden zum Zwecke der entgeltlichen Zurschaustellung wie in einem Zoo gehalten. Mit etwas Glück begegnen Sie den Frauen auch auf dem Morgenmarkt in Mae Hong Son, wo sie regelmäßig einkaufen gehen.

Eine Oase des Luxus und der Erholung: das Chiva Som an der westlichen Golfküste

Unterkunft

Thailand bietet bis in die fernste Provinzhauptstadt zahlreiche Unterkünfte für jeden Geldbeutel. Die Palette reicht von weltberühmten Luxushotels bis zu windschiefen Bretterverschlägen, entsprechend unterschiedlich sind auch Preise und Service.

Am oberen Ende der Skala locken vollklimatisierte und höchst komfortable Luxusresorts, Swimmingpools, Tennisplätze, Sportangebote, hoteleigene Babysitter, Tourprogramme, und Ähnliches, am unteren Ende muss man sich oftmals mit einem notdürftig zur Unterkunft umgebauten, engen Raum mit Pritsche, Moskitonetz, Ventilator und Sammelbad begnügen. Diese Guesthouses sind dank des ständig wachsenden Rucksacktourismus so zahlreich und billig (etwa 5 € pro Nacht), dass auf nähere Erwähnung in diesem Führer verzichtet wird.

Die empfohlenen Hotels zeichnen sich in ihrer Preisklasse durch besonders gute Ausstattung, Atmosphäre, Lage oder Ähnliches aus. Die Preiseinstufung basiert auf den Listenpreisen der Hotels. Die besseren Häuser liegen allerdings in heftigem Konkurrenzkampf und gewähren daher bei Buchungen über Reisebüros oder im Internet außerhalb der Saison Rabatte bis zu 80 % und teilweise selbst in der Hauptsaison noch einen Preisnachlass an der Rezeption, egal in welcher Kategorie oder Preisklasse. Damit werden selbst feinste Adressen erschwinglich.

Unterkunft

in Hua Hin

Die meisten Hotels erheben einen Zuschlag von 17 % für Steuern und Service.

Mindestens für den An- und Abreisetag lohnt sich eine Vorausbuchung in der Heimat. Dann kann man den jeweiligen An- und Abflug entspannt antreten. Und sobald ihre Urlaubsplanung genaue Formen angenommen hat, sollten Sie auch in Thailand den Gang zu einem Reisebüro nicht scheuen, um die aktuellen Sonderangebote abzufragen und vielleicht ein reizvolles Schnäppchen zu ergattern.

Unbedingt rechtzeitig reservieren sollten Sie für Ihren Weihnachtsurlaub, und auch während des chinesischen Neujahrsfests und Songkran › S. 47 ist eine frühzeitige Buchung unbedingt zu empfehlen. Eine vorausschauende Planung ist während der thailändischen Ferien › S. 26 gefragt.

!Erstklassig

Wohnen mit Stil

- **Chakrabongse House** in Bangkok bietet drei luxuriöse Villen am Ufer des Chao Praya. › S. 69
- **Arun Residence** in Bangkok bietet 5 elegante Zimmer und Blick auf den Wat Arun. › S. 69
- **Centara Grand Beach** in Hua Hin glänzt im Kolonialstil. › S. 86
- **Trisara** an Phukets schönem Nai Thon Beach bietet Luxus pur mit privaten Infinity-Pools und himmlischen Betten. › S. 97
- **The Sarojin** setzt mit seiner japanisch inspirierten Gartenanlage und edlen Zimmern Maßstäbe an den Stränden von Khao Lak. › S. 100
- **Rayavadee Villas** bezaubert mit luxuriösen Pavillons zwischen Rai Leh und Phra Nang, Krabis schönsten Stränden. › S. 103
- **Pimalai Resort** ist ein exquisites Verwöhnhotel am Ba Kan Tiang Beach von Ko Lanta. › S. 105
- **The Library** punktet mit minimalistischem Zen-Design und jeder Menge Luxus am Chaweng Beach von Ko Samui. › S. 108
- **Rachamankha** bietet edlen China-Thai-Stilmix mit schicker Bar und tollem Pool, in der Altstadt von Chiang Mai. › S. 120
- **The Legend** bei Chiang Rai bezaubert mit Villen. › S. 128
- **Lotus Village** in Sukhothai besticht durch seine bildhübsche Gartenanlage mit Teakhäusern an Lotusteichen. › S. 133

Der schwimmende Markt von Damnoen Saduak betört alle Sinne

LAND & LEUTE

Steckbrief

- **Fläche:** 514 000 km²
- **Hauptstadt:** Bangkok
- **Staatsform:** Konstitutionelle Monarchie
- **Einwohner:** 69 Mio., davon ca. 80 % Thais
- **Bevölkerungswachstum:** 0,32% (2016, geschätzt)
- **Amtssprache:** Thai
- **Landesvorwahl:** 0066
- **Währung:** Baht

- **Zeitzone:** MEZ +6 Std. (während der europäischen Sommerzeit +5 Std.)

Lage und Landschaft

Thailand erstreckt sich über 1500 km von Norden nach Süden (20° 30' bis 5° 40' LAT), über 800 km von Ost nach West (105° 45' bis 97° 30' LON), an seiner schmalsten Stelle, am Isthmus von Kra, jedoch nur über gerade mal 13 km Breite. Die Nachbarländer sind von Norden ausgehend im Uhrzeigersinn Laos, Kambodscha, Malaysia und Myanmar (Birma).

Das Kernland wird vom Delta des Chao-Phraya-Flusses gebildet, dessen fruchtbares Schwemmland intensiv landwirtschaftlich genutzt wird. Als letzte Ausläufer des Himalaya durchziehen bewaldete Gebirgsketten den Norden, höchster Gipfel ist mit 2595 m der Doi Inthanon. Von Gebirgsketten mit Höhen zwischen 700 und 1000 m umrahmt, liegt im Osten des Landes das karge Hochplateau von Khorat. Als Westthailand wird ein noch immer von dichten Urwäldern bedeckter Höhengürtel von 1500 bis 2000 m bezeichnet, der sich, an die Zentralregion grenzend, entlang der Grenze zu Myanmar erstreckt. Diese Berge dehnen sich über die ganze nördliche Hälfte der Halbinsel Malakka aus, sodass auch Südthailand weitgehend bergig ist. Die lang gestreckten, buchtenreichen Küsten des Südens mit unzähligen Stränden liegen an der Andamanensee des Indischen Ozeans im Westen und dem ins Südchinesische Meer übergehenden Golf von Thailand im Osten.

Politik und Verwaltung

Thailand ist eine konstitutionelle Monarchie mit (derzeit bedingt) demokratisch gewählter Regierung und Mehrparteiensystem. Allerdings entstammen die meisten Politiker einem undurchsichtigen Geflecht von Polizisten, Militärs und Geldadel. Diese Leute beherrschen eine Politik, die sich nur gelegentlich um Gesetze oder Wählerwillen schert, aber bestimmt wird durch Bestechung und Intrigen. Wahlen sind grundsätzlich gekennzeichnet von Stimmenkauf und Verfahrensmängeln. Daher endet ein Großteil des politischen Prozesses in endlos tagenden Untersuchungsausschüssen und skandalösen Urteilen fragwürdiger Gerichtshöfe. Auch die früher relativ freie Presse des Landes wird vermehrt Opfer manipulativer Machenschaften. Den letzte, großen Rückschlag auf dem Weg zu demokratischen Reformen erlebte Thailand durch die Machtübernahme des thailändischen Militärs nach einem Putsch am 22. Mai 2014. Ein Ende der Militärregierung ist derzeit nicht absehbar.

Wirtschaft

Bis zur asiatischen Wirtschafts- und Finanzkrise 1996 erlebte Thailand für knapp drei Jahrzehnte eines der fulminantesten Wirtschaftswunder der Welt, dank dessen es sich vom Status des Entwicklungslandes verabschieden konnte. Aufgrund eines Spar- und Reformprogrammes unter Leitung des IWF konnte das Land wieder hohe Zuwachsraten verzeichnen. Doch brach die Wirtschaft im Zuge der Finanzkrise und innerer Unruhen 2008/09 erneut ein und ist durch die Verhängung des Kriegsrechts und dem damit verbundenen Rückgang der Touristenzahlen 2014 erneut in Bedrängnis. Inzwischen steigen diese jedoch wieder. Der Fremdenverkehr ist eine der größten Devisenquellen des Landes. Nur knapp die Hälfte der Bevölkerung arbeitet in der Landwirtschaft, die hauptsächlich Reis, Tapioka sowie Kautschuk- und Kokosprodukte für den Export abwirft. Hoch profitabel sind die Trawlerflotte mit Fischfang und Meeresfrüchten sowie die zahlreichen Shrimpsfarmen. Die Tendenz geht stetig zu moderneren Wirtschaftszweigen, vor allem der Chemie- und Elektroindustrie.

Umgangsformen

Kurze Beinkleider gehören ausschließlich an den Strand und ins Hotelgelände. Die Schuhe sollten Sie in jedem Privathaus und müssen Sie in jedem Tempel ausziehen. Berühren Sie niemanden am Kopf und vermeiden Sie beim Sitzen, die Fußsohlen auf Menschen, Buddha- oder Königsstatuen zu richten. Das Königshaus gilt als tabu und eignet sich nicht als Gesprächsthema. Der traditionelle Gruß ist der *wai*, bei dem die aneinandergelegten Handflächen je nach sozialem Status des Gegenübers zur Brust oder zum Kopf gehoben werden. Mit einem freundlichen Kopfnicken und Hallo können die Thais auch sehr gut leben. Als Verhaltensdevise gilt: Was jemand in seiner Privatsphäre tut, geht niemanden etwas an, was jemand jedoch in der Öffentlichkeit tut, geht alle an und unterliegt daher einem strengen Reglement.

Geschichte im Überblick

7.–3. Jt. v. Chr. Archäologische Funde aus Ban Chiang lassen vermuten, dass ein unbekanntes austro-asiatisches Volk hier noch vor den Chinesen Reis anbaute, vor den Mesopotamiern Bronze schmiedete und seine Keramik mit eleganten Bändern bemalte.

1. Jh. v. Chr. Die Dvaravati-Kultur setzt sich aus einer Reihe buddhistischer Stadtstaaten zusammen. Als Gründer gelten die Mon, vermutlich ein Mischvolk aus nordindischen Einwanderern und den Ur-Thais.

3.–6. Jh. Das älteste asiatische Reich, Funan, herrscht in Südostasien, vermutlich mit Zentrum in Zentralthailand.

7.–11. Jh. Die Khmer dringen von Osten bis nach Mittelthailand vor. Unter ihrem Einfluss vermischen sich in Thailand Buddhismus und Hinduismus.

1238 Das Königreich Sukhothai wird gegründet, Wiege und gleichzeitig Blüte dessen, was man heute als thailändische Kultur bezeichnet. Unter König Ramkhamhaeng entsteht schon wenige Jahrzehnte später eine Großmacht, deren Einfluss bis ins heutige Südthailand reicht und Teile von Laos und Birma umfasst.

Um 1290 Aus dem Zusammenschluss mehrerer Fürstentümer im Norden geht unter König Mengrai das Reich Lanna mit der Hauptstadt Chiang Mai hervor, das 1558 an die Birmanen fällt.

1351 Im Süden wird Ayutthaya gegründet. Der erste König Ramathibodi übernimmt das Prinzip eines Gottkönigs von den Khmer.

1431 Ayutthaya besiegt das Khmer-Großreich von Angkor und annektiert bald darauf Sukhothai.

1511 Eröffnung einer portugiesischen Botschaft. Im Lauf der nächsten 150 Jahre lassen sich alle europäischen Handelsmächte in Ayutthaya diplomatisch vertreten. Siam ist Weltmacht.

1767 Ayutthaya wird von den feindlichen Birmanen zerstört. General Thaksin wird ein Jahr später in der provisorischen Hauptstadt Thonburi am Chao Phraya zum König gekrönt und beginnt mit dem rasanten Wiederaufbau des Reiches.

1782 General Chao Phraya Chakri lässt sich in der neuen Hauptstadt Bangkok als Rama I. zum ersten König der bis heute herrschenden Chakri-Dynastie ausrufen.

19. Jh. Die Könige Mongkut (Rama IV., 1851–1868) und Chulalongkorn (Rama V., 1868–1910) bescheren dem Land weitreichende Reformen.

1932 Ein Militärputsch beendet die absolute Monarchie und erzwingt die Einrichtung einer konstitutionellen Monarchie.

1939 Aus Siam wird Prathet Thai (Thailand), das »Land der Freien«. Während des Zweiten Weltkriegs unterstützt Thailand die Achsenmächte Deutschland und Japan,

wechselt aber rechtzeitig die Fronten.
Nach 1945 Thailand bleibt auf antikommunistischem Kurs, fest mit Japan und den Westmächten liiert. Zahlreiche Militärputsche und wechselnde Regierungen bestimmen die Innenpolitik.
1973 Als Studenten im Herbst 1973 auf die Straße gehen, lässt General Kittikachorn auf sie schießen, rund 70 Menschen sterben. Massenunruhen führen zum Sturz des Regimes.
1976 Nach einem Militärputsch fliehen Studenten und Oppositionelle als kommunistische Rebellen in den Untergrund.
1991/92 Nach erneutem Staatsstreich und Ernennung von General Suchinda zum Premierminister kommt es im Mai 1992 zu blutigen Demonstrationen. Suchinda muss abtreten.
1997/98 Thailand wird Auslöser und erstes Opfer der Asien-Krise; in wenigen Monaten verliert der Baht die Hälfte seines Werts.
2001 Die erst Ende 1998 gegründete Partei Thai Rak Thai (»Thais lieben Thais«) heimst einen überwältigenden Wahlerfolg ein. Der umstrittene Multimillionär Thaksin Shinawatra wird Premierminister (2005 bestätigt), verstrickt sich aber in Amtsmissbrauch und Vetternwirtschaft.
2004 Am 26. Dezember fordert ein verheerender Tsunami an der Andamanenküste Tausende von Todesopfern.
2006 Anfang des Jahres erzwingen Demonstrationen gegen Thaksin Neuwahlen, die er wieder »gewinnt«. Später übernimmt das Militär während eines Auslandsaufenthaltes Thaksins die Macht.
2007 Die People's Power Party (PPP, Nachfolgepartei von Thaksins TRT) gewinnt die Wahlen und teilt sich die Macht mit mehreren kleinen Parteien. Samak Sundaravej wird Premierminister.
2008 Nach gewaltsamen Demonstrationen wird Samak entlassen. Das Parlament wählt Somchai Wongsawat (PPP) zum neuen Premierminister. Der Konflikt zwischen Anhängern Thaksins (rote Hemden) und Königstreuen (gelbe Hemden) eskaliert. Das Verfassungsgericht verbietet die regierende PPP wegen Wahlbetrugs und zwingt damit Premier Somchai zum Rücktritt. Oppositionsführer Abhisit Vejjajiva (Demokratische Partei) bildet eine Koalition.
2010 Im Frühjahr kommt es in Bangkok erneut zu Unruhen.
2011 Nach Parlamentswahlen wird Yingluck Shinawatra, Schwester von Thaksin Shinawatra, Premierministerin Thailands.
2014 Nach Yinglucks Absetzung durch das Verfassungsgericht wegen Machtmissbrauch übernimmt das Militär die Macht und installiert General Prayuth Chanocha als Premierminister.
2016 50 Tage nach dem Tod von König Bhumipol (13. Okt.) wird Kronprinz Maha Vajiralongkorn Bodindradebayavarangkun zum Nachfolger ausgerufen.
2017 Frühestens Ende des Jahres sind Parlamentswahlen vorgesehen.

Natur & Umwelt

Fast 300 Säugetierarten leben in den Wäldern des Landes, darunter Tiger, Leoparden, Kragenbären, Gibbons sowie eine der größte Populationen asiatischer Elefanten. Über 1000 Vogel- und 1200 Schmetterlingsarten sind hier wissenschaftlich erfasst worden.

An den Küsten wurden Schutzgebiete für Mangrovenwälder, Meeresschildkröten und Seekühe eingerichtet. Noch immer besitzt das Land ausgedehnte Korallenriffe, eine bunte Unterwasserwelt, die respektable Tauchreviere bietet.

Die riesige Nord-Süd-Ausdehnung von rund 1500 km und Höhenunterschiede von über 2500 m bedingen mehrere Vegetationszonen, darunter tropische Regenwälder, Bambus- und Monsunwälder sowie Mangroven; alles in allem wachsen hier mehr als 500 Baumarten. Einen einsamen Rekord hält Thailand schließlich mit einem Bestand von 27 000 Blumenarten, darunter über 1000 Orchideen.

Von den Primärwäldern existieren aber nur noch knapp 2 %. In den aufgeforsteten Sekundärwäldern herrscht Artenarmut. Viele Tierarten sind durch Umweltschäden und Wilderer vom Aussterben bedroht, das maritime Leben ist durch Gift- und Dynamitfischerei, Unterwassertourismus und klimatische Veränderungen in Mitleidenschaft gezogen. Thailand hat zwar auf 12 % der Landesfläche über 100 Nationalparks und Tierreservate geschaffen, doch Streitigkeiten um deren Spielregeln und Grenzen haben auch viele dieser Gebiete geschädigt.

Internationale Proteste, mutige Einzelaktionen, aber auch Einbrüche im Tourismus haben das Bewusstsein geschaffen, dass der Erhalt des nationalen Naturerbes langfristig lukrativer ist als rücksichtsloser Raubbau. »Wir lassen nichts zurück außer unseren Fußabdrücken, wir nehmen nichts mit außer unseren Erinnerungen«, lautet das Motto moderner Tourenorganisatoren. Die positiven Auswirkungen des Leitthemas werden Ihnen spätestens klar, wenn Sie sich in Khao Yai plötzlich von einer Herde tatsächlich wilder Elefanten oder im brusttiefen Wasser vor Ko Phi Phi von Schwärmen fantastisch bunter und zutraulicher Korallenfische umgeben sehen.

Im Regenwald Nordthailands

Die Menschen

Die Thai

Rund 80 % der Einwohner gehören zur ethnischen Gruppe der Thais. Vier Untergruppen lassen sich unterscheiden, die ganz eigene Dialekte sprechen, teilweise verschiedene Sitten und Gebräuche pflegen und nach eigener Einschätzung auch in Temperament und Charakter voneinander abweichen. Insgesamt also ein kompliziertes Gemisch recht gegensätzlicher Naturen mit ausgeprägtem Lokalpatriotismus.

Als **Mittelthais** bezeichnet man die Reisbauern des Chao-Phraya-Deltas, der am dichtesten besiedelten Region des Landes, zu der die kleinen Provinzen rund um Bangkok (im Norden bis nach Nakhon Sawan) gehören. Ihr Dialekt ist heute Amtssprache, aus ihren Reihen stammt die Königsfamilie und vieles von dem, was als landestypisch bezeichnet wird. Es nimmt daher nicht wunder, wenn sich die Mittelthais meist als zuverlässig und überhaupt staatstragend einstufen.

Die **Nordthais** gelten wegen ihres hellen Teints und ihrer chinesisch anmutenden Gesichtszüge als besonders hübsch. Mitunter ist auch das Vorurteil zu hören, die Menschen aus dem Norden seien faul und ein bisschen arrogant, was von diesen natürlich heftig bestritten wird. Stattdessen weisen sie gern darauf hin, dass die Wiege Thailands bei ihnen stand und Chiang Mai bereits eine blühende Großstadt war, als es Ayutthaya und Bangkok noch gar nicht gab.

Die Arbeiter, Serviererinnen und Laufburschen, die Bangkok am Laufen halten, gehören zum Volk der **Lao** und stammen aus dem Nordosten. Die Menschen dort gelten als zäh und fleißig. Sie haben auch keine andere Wahl, denn ihre Heimat ist die ärmste und unfruchtbarste Region des Landes. Ihr selbst gewählter Name »Lao« kommt nicht von ungefähr, denn tatsächlich sind sie sprachlich wie kulturell eng mit dem Nachbarvolk verwandt.

Thais haben immer ein Lächeln – nicht nur für die Kamera

Die Menschen

Die **Südthais** wirken heißblütiger und streitlustiger als die anderen Volksgruppen. Bei den Wahlen stimmt Südthailand als einziger Landesteil überwiegend für Linksparteien; hier ist auch die Öko-Bewegung am aktivsten. In den Provinzen nahe der malaysischen Grenze stellen Muslime über 80 % der Bevölkerung. Sie führen seit Jahrzehnten mit der Zentralregierung einen Kampf um mehr Integration, größere Autonomie und bessere Bildungschancen.

Chinesen

Mit 11 % Bevölkerungsanteil stellen Chinesen die stärkste ethnische Minderheit. Die meisten leben bereits in zweiter oder dritter Generation hier, fühlen sich als Thais und sprechen kaum Chinesisch. Sie dominieren das Geschäftsleben, und beim Einkaufen werden Sie im hinteren Teil vieler Läden chinesische Hausaltäre oder rote Bänder mit chinesischen Schriftzeichen sehen.

Die Bergvölker

Die **Lahu** waren einst die berühmtesten Jäger der Region. Die Überjagung der Wälder erschütterte jedoch ab den 1950er-Jahren das Sozialgefüge nachhaltig. Die Mischung aus Not und lockerer Sexualmoral ließen ihre Dörfer zum Beutegrund christlicher Missionare und Mädchenhändler werden. Es gibt nur noch wenig intakte Lahu-Dörfer in Thailand, und deren Bewohner sind meist sehr scheu.

Die **Akha** leben noch heute überwiegend von Ackerbau und Viehzucht in Höhen ab 1000 m. Sie folgen einer hochkomplizierten Lebensphilosophie, in deren Mittelpunkt ein intensiver Ahnenkult steht. Die Kultur der Akha ist in hohem Maße bedroht. Gegenüber Touristen geben sie sich meist freundlich desinteressiert, haben aber stets etwas zu verkaufen.

Die **Lisu** sind ein Volk fröhlicher, aber streitlustiger Individualisten. Durch Aufgeschlossenheit für alles Neue haben sie sich gut an moderne Zeiten angepasst. In ihren Dörfern haben sich nach dem Zweiten Weltkrieg illegal zahlreiche Chinesen angesiedelt. Um den örtlichen Behörden zu entgehen, übernahmen diese Sprache, Habitus und Kleidung der Lisu.

Die **Hmong** sind in Klans aufgespalten. Dank straffer Organisation haben sie ihre traditionellen Lebensformen gut bewahren können. Sie waren auf Seiten aller beteiligten Parteien in sämtliche indo-chinesischen Kriege verwickelt. Wie die Lisu sind sie sehr geschäftstüchtig. Aufenthalte in Hmong-Dörfern sind angenehm, sofern Sie akzeptieren können, dass sich die Leute meist mit sich selbst und nicht mit Ihnen befassen.

Bei den **Mien** sind Stickereien und Silberschmiedearbeiten unübertroffen. Sie verwenden bis heute chinesische Schriftzeichen und leben nach einem taoistischen Wertesystem, das ständige Harmonie und ein allgemeines Anstandsgebot beinhaltet.

Die **Karen** besiedeln die unteren Höhenlagen entlang der gesamten Westgrenze. Sie zerfallen in mehrere Unterstämme mit jeweils eigenen Sprachen, die buddhistisch, christlich oder animistisch sind. Eine dieser Gruppen kämpft von thailändischem Boden aus noch immer um einen eigenen Staat in Myanmar. Das Spektrum der Karen reicht von westlich wirkenden Stadtbewohnern zu Dorfgemeinschaften auf abgelegenen Dschungellichtungen. Aus Letzteren stammen die berühmtesten Mahouts (Elefantenführer) von Südostasien.

Glaubenswelten

95 % der Thais sind Anhänger des Theravada-Buddhismus, der ältesten buddhistischen Glaubensrichtung.

Als einzige gründet sie ihren Ursprung direkt auf die Lehre des Gautama Buddha (6. Jh. v. Chr.). Im Mittelpunkt des Theravada stehen folgende Annahmen: Alle Daseinsformen sind vergänglich und unvollkommen. Leben bedeutet Leiden. Jede Existenz ist an das Rad der Wiedergeburt gebunden, muss nach dem Tod in einem neuen Leben wiedererstehen. Neues Leben bedeutet neues Leid. Ursache des Leidens ist die Begierde. Die vollständige Überwindung der Begierde beendet das Leiden und führt zum endgültigen losgelösten Zustand des Nirvana.

Die Wege zum Nirvana

Der einfachste Weg besteht in der Einübung des **Edlen Achtfältigen Pfades.** Dessen Bestandteile sind individuelle Eigenschaften wie das Loslösen von weltlichen Genüssen und egoistischen Bedürfnissen, geübt werden müssen aber auch Aufmerksamkeit, Anstrengung und Konzentration.

In diesem Training, das insbesondere auch die Meditation beinhaltet, liegt eine der wichtigsten Aufgaben der Klöster. Viele Tempel unterhalten daher eigene Schulen, denen gleichzeitig eine wichtige soziale Rolle zufällt. Arme Familien schicken nämlich einen oder meh-

Junge buddhistische Mönche beim Zeichnen im Wat Pho

Glaubenswelten

rere Söhne bereits im Kindesalter als Novizen ins Kloster, wo sie bei freier Kost ihre Schulausbildung erhalten.

Verdienst erwirbt, wer sich für einen Teil seines Lebens als Mönch den strengen Ordensregeln unterwirft, aber auch wer den Mönchen Lebensmittel spendet oder im Wat eine Andacht hält. Die Buddhastatue, vor der dies geschieht, dient nur als formaler Rahmen. Sie kann genauso wenig angebetet werden wie Buddha selbst, der ja, wie jeder Thai sehr wohl weiß, auch nur ein Mensch war.

Kunst & Kultur

Das Abendland assoziiert Thailand mit goldenen Pagoden und grazilen Tänzerinnen, Elementen, die zwar vorhanden, im Bewusstsein der heutigen Bewohner aber nicht vorherrschend sind, wenn es um das Selbstverständnis ihrer Kultur geht.

Die meisten Thais haben von ihren Stilepochen oder den ritualisierten Figuren der Schreintänzerinnen nur verschwommene Vorstellungen. Schließlich handelt es sich dabei um Dinge, die zu königlichen Genüssen und nicht etwa zu Volkes Freude ersonnen wurden.

SEITENBLICK

Magie: Von Geistern und Amuletten

Sie werden in Thailand kein Gebäude ohne **Geisterhäuschen** oder wenigstens einen Hausaltar finden. Hier wird den Ortsgeistern gehuldigt, die von alters her als die eigentlichen Besitzer eines jeden Platzes gelten. Täglich werden sie mit kleinen Gaben verwöhnt. Sie durch Missachtung zu verstimmen und solchermaßen Feuer, Erdrutsch oder andere Katastrophen heraufzubeschwören, gilt schlichtweg als unvernünftig. Nun gibt es viele Geister und noch mehr Gefahren, die gebannt werden wollen, entsprechend hoch fällt die Zahl der möglichen Zauber aus. Da es sich an greifbare Dinge leichter glauben lässt, wird die jeweilige Magie vorzugsweise in kleine **Amulette** gebannt. Der Preis besonders wirkungsvoller Stücke geht in die Millionen, Nutznießer sind oft als zauberkundig geltende Mönche, die wiederum manche Klöster in hochprofitable Manufakturen für magische Artefakte verwandelt haben. Da gibt es Zauber gegen Flugzeugabstürze (sehr teuer, kommt für Sie nicht in Frage), gegen Geschosse oder Messerstiche, oder, unter Seeleuten beliebt, solche, die Salz- in Süßwasser verwandeln. All dies hat, wohlgemerkt, genauso wenig mit Buddhismus zu tun wie die **Schutztätowierungen** in Form blauschwarzer Muster und Inschriften, die Sie bei manchen Thais bemerken werden.

Tempelarchitektur

Der typische Tempel *(wat)* umfasst eine Ordinationshalle *(bot)* sowie eine nicht festgelegte Zahl von Versammlungshallen *(viharn)* und turmartige Bauten zur Aufbewahrung von Reliquien *(chedis,* im Norden auch *that,* im indischen Stil stupas genannt). Der den Mönchen vorbehaltene Bot ist von acht Markierungssteinen *(sema)* umgeben und oft nur dadurch von den Viharn zu unterscheiden. In der Mitte von Tempeln der Khmer-Epoche steht immer ein Turm *(prang)* mit einem heiligen Phallus *(lingam).*

Die Geister der Ahnen sind allgegenwärtig

Die Durchdringung buddhistischer Thai- und hinduistischer Khmer-Kultur ab dem 10. Jh. brachte einige Hinduelemente dauerhaft in Thailands Ikonografie ein. Häufig anzutreffen sind der vierarmige Vishnu, der Garuda (halb Mann, halb Vogel), sein weibliches Pendant Kinnari, der achtarmige Shiva, der elefantenköpfige Ganesh, der dreiköpfige Elefant Erawan, Geister bannende Yak-Riesen und die vielköpfige Naga-Schlange.

Die vier symbolträchtigen Grundpositionen der Buddhastatuen sind: in Meditation sitzend, im Sterben (ins Nirvana übergehend) liegend, stehend und schreitend. Diese Positionen werden mit verschiedenen typischen Handhaltungen zusätzlich variiert.

Musik

Thailands traditonelle Musik klingt in westlichen Ohren recht schräg, da sie auf die uns vertrauten Halbtonschritte verzichtet. Das klassische Orchester *pii phaat,* das zur Begleitung höfischer Aufführungen geschaffen wurde, spielt auf Holzblas- und Saiteninstrumenten, Trommeln, Gongs sowie einer Art Xylophon. Volkes Stimme findet Ausdruck im *maw lam,* einem komplizierten, nur spärlich instrumentierten Sprechgesang, dessen moderne Weiterentwicklung *luuk thung,* z. T. mit Big Band, sehr beliebt ist. In den letzten Jahren hat sich auch eine dynamische, Stilelemente mischende Rockszene entwickelt.

SEITENBLICK

Stilepochen

Dvaravati: 6.–11. Jh./Zentralthailand
Srivijaya: 8.–13. Jh./Südthailand
Khmer/Lopburi: 10.–14. Jh./
   Zentral- und Nordostthailand
Sukhothai: 13.–15. Jh./Sukhothai
Lanna: 13.–16. Jh./Nordthailand
Ayutthaya: 14.–18. Jh.
Rattanakosin: ab spätem 18. Jh.

Theater

Das klassische *khon*-Tanzdrama führte bei Hofe Inszenierungen des indischen Heldenepos *Ramayana* bzw. dessen thailändischer Variante *Ramakien* auf. Die modernen Formen, wie Sie sie auch bei den Tanzshows erleben, tragen den Oberbegriff *lakhon*. Insbesondere das *lakhon chatri* wird noch häufig bei Tempelfesten und an Schreinen vorgetragen. Das derbe, oft zotige und mit Slapstick-Einlagen durchsetzte Volkstheater heißt *like*. Aus dem Süden stammt und auch nur noch dort zu finden ist das Schattenspiel *nang thalung*.

Traditionelle Sportarten

Die großen Thaiboxkämpfe in den Bangkoker Stadien Lumpini und Ratchdamnoen begeistern täglich die Nation, und ohne Zögern würden die meisten Thais den rabiaten Kampfsport als eines der höchsten Kulturgüter ihres Landes nennen. Sie sollten sich unbedingt bei einem Besuch Ihr eigenes Urteil über das *muay thai* bilden. Eng mit diesem verwandt ist *krabi krabong*, der Kampfsport der königlichen Wachen unter Verwendung von Schwertern und Speeren.

Zu den Breitensportarten der Thais zählt das *sepok takraw*, bei dem sich zwei Mannschaften zu jeweils drei Leuten einen Bambusball ohne Verwendung der Hände über ein Netz zuspielen – schnell und elegant. Gespielt wird täglich z. B. im Bangkoker Lumpini Park; die beste Zeit zum Beobachten ist dort gegen 17 Uhr.

Feste & Veranstaltungen

Jede Provinz und jeder Tempel feiert einmal jährlich ein Fest. Dazu kommen gesetzliche und religiöse Feiertage und lokale Feste. Im Folgenden finden Sie die wichtigsten und schönsten Feste. Die Termine der nach dem Mondkalender berechneten Feiertage ändern sich jedes Jahr – genaue Auskünfte sind beim Thailändischen Fremdenverkehrsamt zu bekommen.

1. Januar: Neujahr. Gesetzlicher Feiertag.

Januar/Februar: Chinesisches Neujahr. Die Völker der Mien, Lisu und Lahu feiern ihre Neujahrsfeste von Dorf zu Dorf an verschiedenen Tagen, aber ungefähr zum gleichen Zeitpunkt. Trekking im Norden ist daher zu dieser Zeit besonders attraktiv.

1. Februarwoche: Chiang Mai feiert sein **Blumenfest** mit Umzügen und großem Rummel.

Vollmondnacht des dritten Mondmonats: Magha Puja, zum Gedenken an eine berühmte Predigt Buddhas. Am Abend veranstalten deswegen alle Tempel in Thailand feierliche Kerzenprozessionen.

Feste & Veranstaltungen

Erste Aprilhälfte: Poi Sang Long in Mae Hong Son. Knaben der Shan-Minorität werden prunkvoll gekleidet, geschminkt und nach festlicher Prozession ordiniert – ein äußerst farbenprächtiges, ursprüngliches Spektakel.

6. April: Chakri-Tag. Gesetzlicher Feiertag zum Gedenken an Rama I., den Gründer der Chakri-Dynastie.

Ca. 10. bis 20. April: Songkran, das thailändische Neujahr (Höhepunkt am 13.) ist das wichtigste Fest des Landes. Zur heißesten und trockensten Zeit des Jahres herrscht bei regelrechten Wasserschlachten eine Art Ausnahmezustand.

1. Mai: Tag der Arbeit. Gesetzlicher Feiertag

5. Mai: Krönungsjubiläum des Königs. Gesetzlicher Feiertag. Ab 2017 wird er ev. mit der Inthronisierung des neuen Königs in den Oktober fallen.

2. Maiwoche: Königliche Pflugzeremonie. Auf dem Sanam Luang in Bangkok leitet der König mit einem brahmanischen Ritual die Zeit der Reissaat ein.

Vollmond im Mai: Visakha Bucha. Landesweit Tempelfeste zum Gedenken an Buddhas Geburt, Erleuchtung und Eingang ins Nirvana.

Vollmond im Juli: Asaha Bucha. Zum Gedenken an Buddhas erste Predigt Kerzenprozession in allen Tempeln.

Am Tag nach Asaha Puja: Khao Pansa. Beginn der buddhistischen Fastenperiode. Für drei Monate ziehen sich die Mönche in die Tempel zurück. Traditionell die beliebteste Ordinationszeit.

12. August: Geburtstag der Königin. Gesetzlicher Feiertag.

September/Oktober: Vegetarierfest auf Phuket › S. 96.

September, Oktober und November: Zum Ende der Regenzeit

Das thailändische Neujahrsfest Songkran

und der buddhistischen Fastenzeit finden in verschiedenen Provinzen **Langbootrennen** statt; manche Boote haben die Größe königlicher Barken.

23. Oktober: Chulalongkorn-Tag, Todestag Ramas V.; gesetzli. Feiertag.

November-Vollmond: Loy Krathong, das Lichterfest, ist eines der wichtigsten Feste des Landes. Landesweit setzen die Thais kleine Schiffchen mit Räucherstäbchen, Kerzen und Opfergaben auf Flüsse, Kanäle und Seen – für die Göttin des Wassers.

Ende November: Elefanten Roundup in Surin › S. 143.

November/Dezember: River-Kwai-Woche in Kanchanaburi mit nächtlicher Sound- & Lightshow an der »Todesbahn«.

5. Dezember: Geburtstag des Königs. Gesetzlicher Feiertag. An einem der vorausgehenden Tage wird eine farbenfrohe Parade der königlichen Garden in Bangkok veranstaltet. Wird vermutlich künftig am 28. Juli gefeiert.

10. Dezember: Verfassungstag. Gesetzlicher Feiertag.

31. Dezember: Silvester. Gesetzlicher Feiertag.

Essen & Trinken

Der stete Boom an thailändischen Restaurants, Kochbüchern und Kursen (› S. 52, Special »Thai-Küche«) in unseren Breiten beweist es: Die Thai-Küche zählt zu den besten der Welt.

Zwar gibt es auch viele sehr milde Gerichte, was aber als scharf bezeichnet wird, ist es auch wirklich. Bestes »Löschmittel« für den Gaumen ist nicht Wasser, sondern Reis.

Reis und Reisgerichte

Das Grundnahrungsmittel Reis gibt es als weißen Reis *(khao suay),* der hauptsächlich in Mittel- und Südthailand gegessen wird, sowie als Klebreis *(khao nieo),* den man im Norden und Nordosten bevorzugt. *Khao-suay-*Gerichte werden mit dem Löffel gegessen, wobei eine Gabel in der linken Hand die Portionen auf den Löffel schiebt. Gerichte mit Klebreis isst man mit der rechten Hand, die den Reis zu kleinen Bällchen formt. Das Geheimnis des typischen Duftes und Beigeschmacks vieler Thai-Gerichte: frische Korianderblätter *(phak chee)* und Zitronengras. Bei Europäern besonders beliebt ist gebratener Reis *(khao phat),* das einzige Gericht, bei dem Reis mit anderen Zutaten vermischt wird.

Vielfältige Beilagen

Sonst werden die Speisen separat zubereitet, über den Reis gegeben oder dazu gereicht. Standards sind *phat phrik bai kraphao*: mit Chili und Basilikum gebraten, *prieo waan*: Süß-saures, *nam man hoy*: mit Austernsoße.

Schon in die gehobenere Klasse gehören die sauer-scharfen *tom-yam-* und *tom-kha-*Suppen sowie die kalten, sauer-scharfen Salate *(yam).* Das typische Aroma der Tom-Suppen rührt von den Limettenblättern *(bai makhruut),* den Zitronengrasstengeln *(takhrai)* und den Galgantwurzeln *(kha),* die nicht mitgegessen werden.

Wirklich raffiniert wird die Thai-Küche bei den auf der Basis von Kokosnussmilch zubereiteten Currys. *Kaeng karee*: mild mit Kartoffeln; *kaeng massaman*: süß und schwer mit Erdnüssen; *kaeng phet*: leicht und scharf; *kaeng khieo waan*: grünlich, süffig, sehr scharf.

Köstlicher Obstsalat in einer Drachenfrucht

Zu den mit Klebereis gereichten Standardgerichten zählen *gai yang*, gegrilltes Huhn; *laap*, scharfer Fleischsalat mit Minze; *somtam*, scharfer Papayasalat mit Krabben, und *suup naw mai*, scharfer Bambussalat.

Nudelgerichte

Nudeln gibt es in drei Varianten: dünne Reisnudeln *(khwitthieo sen lek)*, dickere, nahrhaftere *khwitthieo sen yai* sowie gelbe Eiernudeln *(bamee)*. Sie können die Nudeln gebraten *(phat)* sowie gekocht mit Brühe *(naam)* oder ohne Brühe *(haeng)* haben. Gängige Einlagen sind *luuk jin*, Fleisch- bzw. Fischbällchen, *gieo*, mit Fleisch gefüllte Teigtaschen, *mu daeng*, rötlich marinierte Schweinefleischscheiben, sowie Hühner-, Rinder- und Entenfleisch. Dazu gibt es Sojasprossen und anderes Gemüse. *Khanom jin* sind dünne, kalte Reisnudeln mit Fleischsauce und Salat, *phat thai* schmackhafte, leicht süße Bratnudeln mit Erdnüssen. *Yam wun sen* ist ein sehr scharfer kalter Nudelsalat. Zum Nachwürzen gibt es Chilis sowie Essig, Zucker und Fischsauce *(nam pla)*, die generell als Salzersatz verwendet wird. Nudelsuppen werden stets, andere Nudelgerichte oft mit Stäbchen gegessen.

Früchte

Neben bekannten tropischen Früchten wie Ananas, Papaya oder Mango gibt es etliche exotischere Obstsorten. Im Inneren der furchtbar stinkenden Durian, einer großen stacheligen Frucht, befinden sich schleimig-gelbe Klumpen mit einem ungemein intensiven Geschmack, der irgendwo zwischen mildem Käse und alkoholischem Vanillepudding liegt. Die Mangosteen *(mangkut)*, eine tomatengroße violette Frucht, hat ein saftiges, erfrischendes weißes Fleisch. Büschelweise warten Rambutan *(luuk ngaw)*, rot, pflaumengroß mit langen weichen Stacheln, und Longan *(lamyai)*, kleine braune Murmeln, auf Käufer. Die Jackfruit *(khanun)*, riesig und grün genoppt, enthält Dutzende gelber, blütenartiger Samen mit kräftigem, aber leicht muffigem Aroma. Der Rosenapfel *(chomphoo)* in der Konsistenz unserem Apfel ähnlich, ist weiß über grün bis rot; je heller er ist, desto süßer schmeckt er.

Süßes

Auf der Basis von Eiern, Bananen, Kokos und Klebreis gibt es Puddings, Kuchen sowie Eiskrem. Westlichen Besuchern schmeckt besonders *foy thong*, süße Eierfäden, zu Bällchen gesponnen, sowie *khanom luuk chup*, mit Gelee überzogene Kokosmasse, die an mildes Marzipan erinnert.

Getränke

Das Lieblingsgetränk der Thais ist kaltes Wasser *(naam yen)*. Kaffee *(kaafae)*, Tee *(naam chau)*, Limonade *(naam adlom)*, Bier *(bia)* und diverse Brandys *(lao)* sind allerorten erhältlich. Auch Fruchtsäfte: pur *(naam khan)* oder mit Eis und Sirup *(naam pan)* verquirlt.

Essen & Trinken

> **Erstklassig**

Lukullische Genüsse Asiens

- **Krua Apsorn** in Bangkok serviert fabelhafte Thai-Küche ohne Kompromisse, u. a. traumhafte Currys. › S. 72
- **Rang Mahal** tischt im Rembrandt Hotel in Bangkok die vielleicht beste nordindische Küche in Thailand auf – toller Ausblick inklusive. › S. 72
- **Le Dalat Indochine** in einem alten Thai-Haus bietet die wohl beste vietnamesische Küche Bangkoks. › S. 72
- **Nang Gin Kui** serviert in einer Privatwohnung in Bangkok mit Flusspanorama fabelhafte Thai-Köstlichkeiten. › S. 72
- **Baan Rim Pa** auf Phuket bietet leckere Thai-Küche und einen herrlichen Ausblick. › **S. 98**
- **Anchalee** gilt mit seinen himmlischen Currygerichten als bestes Thai-Restaurant in Krabi. › **S. 103**
- **Sa Bieng Lae** serviert köstliche Spezialitäten von Ko Samui in schlichtem Dekor, dafür zu Spottpreisen. › **S. 109**
- **Aroonrai** in Chiang Mai ist die beste Wahl für preiswerte und authentische nordthailändische Küche. › **S. 121**
- Im **Tharaburi Resort** in Sukhothai gibt es ausgezeichnete Thai-Küche. › **S. 133**
- Der **Nachtmarkt** von Khorat lockt mit köstlichen nordöstlichen Spezialitäten des Isaan. › S. 142

Garküchen

Die insgesamt besten und sicher preiswertesten Mahlzeiten erhalten Sie am Straßenrand. Dort kochen Hausfrauen aus frischen Zutaten Gerichte, die sie gut beherrschen, und laufen damit professionellen Köchen oft den Rang ab. Es gibt nur das, was Sie sehen – ganz ohne Sprachproblem wählen Sie einfach mit dem Finger aus.

Bestimmte Gerichte, deren Herstellung sich nur bei großen Mengen lohnt, werden ausschließlich von Garküchen angeboten, z. B. gedämpftes Huhn *(khao man kai)*, Eisbein in Sojasauce *(kha moo)* sowie gefüllte Hefeklöße *(salaphao)*, die pikant *(khem)* oder süß *(waan)* zu haben sind. Das Erscheinungsbild der Garküchen mag Ihnen dubios erscheinen, doch hier geschieht alles vor Ihren Augen. Wer länger im Land lebt, vertraut den Straßenköchen meist bedingungslos.

Restaurants

Meiden Sie besser Restaurants mit geschlossenen Türen, getönten Scheiben und Livemusik – sie sind für die Thais Austragungsort sozial motivierter Besäufnisse. Das Essen ist dort nicht unbedingt gut, aber bestimmt teuer. In der Provinz fragt man am besten den Hotelmanager nach einem Tipp. In den Touristenzentren hingegen bieten die Thai-Restaurants der Top-Hotels zuverlässig gutes bis sehr gutes Essen zu entsprechenden Preisen. In Bangkok, Pattaya, Chiang Mai, Phuket, Ko Samui findet man auch viele internationale Restaurants.

Shopping

Seide
Thai-Seide ist etwas gröber als chinesische, das Besondere jedoch sind eingewebte Goldfäden und sehr aufwendig produzierte Muster. Vorzügliche Qualität finden Sie in Bangkoks Old Siam Plaza › **S. 67**, in Chiang Mai sowie in Khorat und Surin.

Kunsthandwerk
Die schönsten Lackarbeiten stammen aus Myanmar und werden u. a. auf dem Grenzmarkt von Mae Sai/Tachilek › **S. 129** angeboten. Im Süden werden viele Möbelstücke und Alltagsgegenstände mit Perlmutt dekoriert, besonders in der Gegend um Phuket. Silberarbeiten werden vorwiegend um Nakhon Si Thammarat (südlich von Ko Samui) hergestellt. Hier wurde die Niello-Technik perfektioniert: In Silber geritzte Muster werden mit einer schwarzen Legierung ausgefüllt. Das grünblaue Porzellan Seladon wurde während der Sukhothai-Periode überall in Asien verkauft. Die besten Geschäfte finden Sie in Chiang Mai.

Antiquitäten
Fälschungen sind zahlreich, und die wenigen echten Stücke stammen nicht selten aus Diebstählen. Laien sollten die Finger davon lassen. Für die Ausfuhr braucht man eine Erlaubnis des Fine Arts Department, Buddhafiguren (Amulette ausgenommen) dürfen gar nicht ausgeführt werden. Seriöse Händler haben die zu ihren Stücken passenden Dokumente bzw. kümmern sich um deren Beschaffung.

Edelsteine
Rubine, Saphire, Topase, Jade und Andamanen-Perlen verlocken zum Kauf. Die oft in imposanten Geschäften angebotenen Steine sind zwar meist keine Fälschungen aber dennoch völlig minderwertig. Laien sollten daher unbedingt auf einen Kauf verzichten. In Bangkok können Sie Steine bei der Thai Gem & Jewelery Traders Association (Tel. 0 2235 3039) schätzen lassen. Im Betrugsfall kann allerdings höchstens noch die Touristenpolizei weiterhelfen. **50 Dinge** ⑤⓪ › **S. 17**.

Garantiert lecker – eine Garküche

SPECIAL

Küchenzauber und Gaumenfreuden

Die thailändische Küche feiert weltweite Triumphe. In den USA gibt es bereits einen thailändischen Fernsehkoch, Siam Restaurants sind in Australien und Kanada allgegenwärtig, in Europa auf dem Vormarsch und in Japan en vogue. Wem es im Urlaub besonders mundet, möchte seine Ferien vielleicht durch einen Kochkurs bereichern – an Angeboten mangelt es nicht. Für einen bleibenden Gewinn allerdings gilt es manches zu beachten. Und dann kann's losgehen zu Hause – Übung macht den Meister!

Einkaufstraining

Wichtigster Bestandteil eines Kochkurses – darauf gilt es zu achten – bleibt der gemeinsame Gang über den Markt. Welche Chilis für welchen Zweck? Wie duftet wirklich frischer Koriander? Woran erkennt man eine gute Currypaste? Wer an solchen Fragen scheitert, wird auch mit der besten Literatur kein Thai-Koch. Und wer solche Fragen nicht beantwortet, ist auch im schönsten Ambiente kein guter Kochlehrer.

Die Zutaten übrigens – da dürfen Sie ganz unbesorgt sein – sind heutzutage in allen deutschen Großstädten fast immer in tadelloser Qualität erhältlich.

Machen Sie eine Handbewegung …

Manches wird millimeterfein geschnitten, anderes grob zerhackt, und vieles scheinbar lieblos zerrupft oder geknickt – doch alles hat seine spezielle Bewandtnis. Schauen Sie dem Lehrer genau auf die Finger. Thai-Küche hat wenig mit buddhistischer Philosophie, aber viel mit Technik und Ökonomie zu tun.

Thai-Küche **SPECIAL**

Kochlehrer brauchen keine Sprachgenies zu sein (und die Schüler auch nicht).

Für stumpfe Gaumen und flinke Finger

In der separaten Disziplin »Food Carving« sind die Thais ungeschlagene Weltmeister. Wer sich bereits beim Anrühren einer Tütensuppe überfordert fühlt, mag seine Mitmenschen vielleicht dennoch mit Rosen aus Tomaten oder Seepferdchen aus Möhren beeindrucken – und sich selber einen ganz neuen Zugang zu kulinarischen Gefilden verschaffen.

Kochbücher für Thai-Küche

Sie füllen in deutschen Buchhandlungen bereits viele Regalmeter. Mit einer umfangreichen Rezeptsammlung brauchen Sie sich also für die Heimreise nicht belasten. Thai-Gerichte benötigen meist auch nur wenige Zutaten: Der Pfiff liegt im Gleichgewicht der Geschmacksrichtungen sauer, scharf und süß. Diese zu beurteilen und herzustellen erfordert dreierlei – routinierte Esser, eine profunde Kenntnis der erforderlichen Zutaten und gekonnte Handgriffe.

- **Thai-Küche**
  Populär, exotisch, vielfältig, ein Feuerwerk der Düfte und Aromen: die Thai-Küche mit Warenkunde, Küchenpraxis und Rezepten (Christian Verlag, 2011).
- **Thaiküche (Themenkochbuch)**
  Koch- und Erlebnisbuch, das das echte, kulinarische Thailand in all seinen Fassetten zeigt (Gräfe & Unzer, 2011).

Kochkurse in Bangkok:

- **Oriental Hotel** › S. 70
  Die Kochschule des Luxushotels vermittelt in ein- oder mehrtägigen Kursen einen Einblick in die Thai-Küche.
  Tel. 0 2236 0400
  www.mandarinoriental.com/bangkok
- **Thai House** [C6]
  In der stimmungsvollen Umgebung eines traditionellen Holzhauses in den Klongs von Nonthaburi, 22 km vor den Toren Bangkoks, lernt man in 2 oder 4 Tagen Currys, Suppen und allerlei anderes zu zaubern.
  Tel. 0 2903 9611, 0 2997 5161
  www.thaihouse.co.th
- **May Kaidee's Vegetarian Restaurant** › S. 73
  Die Kochkurse der Besitzerin May führen in die Feinheiten der vegetarischen Thai-Küche ein. Auch ihr Kochbuch gibt es vor Ort zu kaufen.
  117/1 Thanoa Rd.
  Phra-Athit-Pier
  Tel. 0 2281 7137
  www.maykaidee.com

Kochkurse in Chiang Mai:

- **Chiang Mai Cookery School** [B2]
  Die professionellste unter Chiang Mais zahlreichen Kochschulen betreibt auch ein Restaurant, wo Sie kosten können, was Sie lernen werden.
  1-3 Moon Muang Rd.
  Tel. 0 5320 6388
  www.thaicookeryschool.com

Kochkurse auf Ko Samui:

- **Samui Institue of Thai Culinary Arts** [B9]
  Chaweng Beach
  Tel. 0 7741 3 172
  www.sitca.com

Tempelanlage Phra Mahathat in den nordthailändischen Bergen des Doi Inthanon National Park

TOP-TOUREN & SEHENS-WERTES

BANGKOK, PATTAYA UND HUA HIN

Kleine Inspiration

- **Sich im Wat Pho** die müden Glieder durchkneten lassen › S. 64
- **Den Wat Arun** bei Sonnenuntergang erleben › S. 64
- **Am Siam Square** in die glitzernde Shopping-Welt eintauchen › S. 67
- **Im alten Railway Hotel** von Hua Hin ein bisschen Filmatmosphäre schnuppern › S. 86

Karte
S. 60

Bangkok,
Tour 1 | 2 Pattaya und Hua Hin

Thailands Hauptstadt lockt mit prächtigen Tempeln, Shoppingpalästen, Märkten, kulinarischen Entdeckungen und turbulentem Nachtleben. Pattaya und Hua Hin sind abwechslungsreiche Bade- und Strandorte.

Ausufernde Metropole, Dreh- und Angelpunkt des Königreiches: Die Neun-Millionen-Stadt **Bangkok** leidet unter krassen sozialen Gegensätzen und großem Verkehrschaos, ist aber gleichzeitig eine der facettenreichsten und dynamischsten Städte der Welt.

Bangkoks wichtigste Sehenswürdigkeiten, seine berühmtesten Tempel und Museen, liegen in der Altstadt Rattanakosin. Hier im inneren Flussbogen gründete der erste Rama der Chakri-Dynastie 1782 die Stadt am Ufer des Chao Phraya. Die Nachbarn von Siam waren unterdessen an europäische Kolonialmächte gefallen, und während die dort einen blühenden Handel trieben, schlummerte Bangkok in tiefer Abgeschlossenheit. Erst mit den politischen Verwerfungen im Zuge des Vietnamkrieges sollte sich das ändern. Beinahe über Nacht schossen aus Reisfeldern Wolkenkratzer, wurden stille Kanäle zugeschüttet und mit vielspurigen Autobahnen bedeckt sowie bunte Märkte in hochmoderne glitzernde Geschäftszentren verwandelt.

Auf einer Bootsfahrt durch die Klongs von **Thonburi,** Bangkoks Schwesterstadt am Westufer des Chao Praya, lernt man dagegen die ländliche Seite Bangkoks kennen, wo sich das Leben noch weitgehend auf dem Wasser abspielt.

Von Bangkok bieten sich zahlreiche lohnende Ausflüge an › S. 64, u. a. zur berühmten Brücke am Kwai › S. 76.

Über sieben Millionen Besucher strömen jedes Jahr in Thailands Amüsierzentrum **Pattaya** an der Ostküste des Golfs. Schönere Strände bieten die Insel **Ko Samet** weiter östlich und die Urwaldinsel **Ko Chang,** ein Paradies für Taucher.

Südlich von Bangkok liegen an der Golfküste die historische Tempelstadt **Phetchaburi,** der nostalgische königliche Badeort **Hua Hin** und der landschaftlich reizvolle **Khao Sam Roi Yot National Park.**

Oben: Am River Kwai bei Kanchanaburi
Links: Der hoch aufragende Phra Pathom Chedi in Nakhon Pathom

Touren in der Region

Bangkok in zwei Tagen

Route: Wat Phra Kaeo/Palast › Lak-Muang-Schrein › Wat Mahatat › Wat Arun › Wat Pho › Wat Saket › Wat Suthat › Siam Square

Karte: Seite 60
Dauer: 2 Tage, davon ein halber Tag für das Palastareal.
Praktische Hinweise:
- 1. Tag: zu Fuß durch die Altstadt bummeln, anschließend mit dem Expressboot auf dem Chao Praya nach Süden und dann weiter mit dem Skytrain ins moderne Bangkok fahren.
- 2. Tag: Taxifahrten, zu Fuß durch Banglampu und Chinatown und dann mit dem Skytrain ins Nachtleben.

Tour-Start:

Bangkoks bedeutendste Sehenswürdigkeiten, die Tempelanlage **Wat Phra Kaeo** Ⓐ › S. 62 und der **Königspalast** Ⓑ › S. 62, öffnen schon um 8.30 Uhr. Zu dieser Zeit ist es hier noch himmlisch ruhig, die farbenfrohen Dächer und goldenen Chedis leuchten fotogen in der Morgensonne, und wenn die Bustouristen anrücken, gehen Sie einfach in den ruhigen Wandelgang, um die großartigen Ramakien-Fresken zu studieren. Kleben Sie dann Ihre für wenige Baht vor Ort erworbenen Blattgoldblättchen an die Glück bringende Säule des **Lak-Muang-Schreins** Ⓒ › S. 63 und schlendern Sie hinüber zum **Wat Mahatat** Ⓓ › S. 63. Leider gibt es seit 2006 den berühmten Amulettmarkt nicht mehr.

Die heiße Mittagszeit lässt sich am besten bei den historischen Buddhas im nahen **Nationalmuseum** Ⓔ › S. 63 verbringen. Vom Pier (Tha) Pra Chan geht es dann auf dem Fluss nach Süden bis Tha Tien. Hier können Sie im vorzüglichen Restaurant der Arun Residence › S. 69 direkt am Fluss mit tollem Blick auf den **Wat Arun** Ⓗ › S. 64 speisen oder sich im Roti Mataba › S. 73 zu stärken. Danach bummeln Sie zum nahen **Wat Pho** Ⓖ › S. 64, um den berühmten Ruhenden Buddha zu bewundern, eine traditionelle Thai-Massage auszuprobieren (auch ohne Voranmeldung) und die farbenfrohen Chedis im milden

Das schöne Vimanmek Mansion

Karte S. 60 — Tour 2: Zwei Zusatztage in Bangkok **Bangkok**

Licht des späten Nachmittags zu fotografieren. Gegen 17.30 Uhr spazieren Sie wieder zurück zum Flussufer, um den magischen Anblick des **Wat Arun** › S. 64 bei Sonnenuntergang zu erleben. Nehmen Sie dann um 18 Uhr das letzte Expressboot zum Pier des Hotels Shangri La. Von dort sind es nur ein paar Schritte zum Skytrain, mit dem Sie bequem ins Nachtleben von Bangkok fahren, nach Patpong oder zur Amüsiermeile Sukhumvit.

Auch der zweite Tag beginnt früh. Ein Taxi bringt Sie zum **Wat Saket** › S. 65, denn morgens ist der Blick vom Golden Mount über die Altstadt bis hin zum Wat Phra Kaeo und Wat Arun am schönsten. Um diese Zeit nehmen die safrangelb gewandeten Mönche die Gaben der Bevölkerung entgegen. Von hier spazieren Sie durch die Bamrung Muang Road › S. 64 mit ihren vielen buddhistischen Devotionalien zum reich verzierten **Wat Suthat** › S. 65 mit seinem großen Bronze-Buddha aus der Sukhothai-Zeit.

Den Weg nach Chinatown › S. 66 (1 km) können Sie mit dem Taxi oder Tuk-Tuk verkürzen. Dann schlendern Sie vom indischen Stoffmarkt Pahurat durch die Sampeng Lane zum Markt Talaad Kao, anschließend durch Yaowarat und Charoen Krung zum Wat Traimit, wo Sie sich den berühmten meditierenden Buddha aus reinem Gold ansehen können.

Ein Taxi bringt Sie anschließend zum **Siam Square** › S. 67. Besuchen Sie zunächst das schöne **Jim Thompson House** › S. 67 nordwestlich des Platzes mit seinen vielen Antiquitäten, denn es schließt bereits um 17 Uhr. Danach bietet sich ein Bummel durch das Luxuskaufhaus Siam Paragon an, das lange geöffnet hat. Auch das Aquarium von Siam Ocean World im Untergeschoss schließt nicht vor 22 Uhr, und zahlreiche Garküchen stillen Ihren Hunger. Wieder wartet der Skytrain darauf, Sie ins Nachtleben von Silom und Sukhumvit zu entführen.

Zwei Zusatztage in Bangkok

Route: Klongs von Thonburi › Khao San Road › Wat Benchamabophit › Vimanmek Mansion › Oriental Hotel › State Tower › Ayutthaya

Karte: Seite 60
Dauer: 2 Tage
Praktische Hinweise:
- 1. Tag: Longtail-Boot in die Klongs, zu Fuß durch Banglampu, mehrere Fahrten mit Taxi und Expressboot.
- 2. Tag: Zug oder Bus für den Ausflug nach Ayutthaya.

Tour-Start:

Am ersten Verlängerungstag bringt Sie ein Taxi oder Expressboot zum Pra-Athit-Pier im Stadtviertel Banglampu. Mit einem Ausflugsboot geht es in die Klongs von Thonburi › S. 64, deren Holzhütten im Morgenlicht leuchten. Zurück am Pier

Touren in Bangkok

Tour ① Bangkok in zwei Tagen
Wat Phra Kaeo/Palast › Lak-Muang-Schrein › Wat Mahatat › Wat Arun ›
Wat Pho › Wat Saket › Wat Suthat › Siam Square

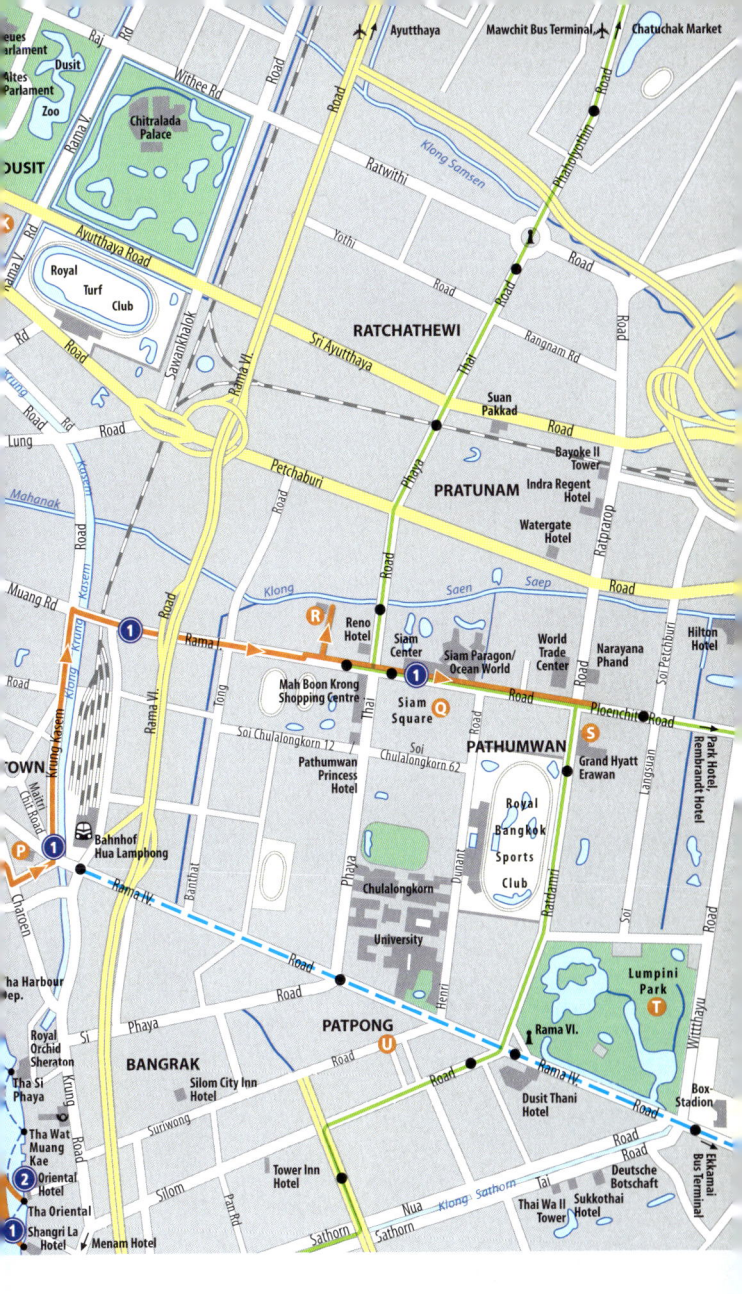

Tour ② Zwei Zusatztage in Bangkok
Klongs von Thonburi › Khao San Road › Wat Benchamabophit ›
Oriental Hotel › Ayutthaya

schlendern Sie durch die nahe **Khao San Road** F › **S. 64,** nehmen dann ein Taxi zum Dusit Park, um den eleganten Marmortempel **Wat Benchamabophit** K › **S. 65** und den vergoldeten Holzpalast **Vimanmek Mansion** L › **S. 66** von König Rama V. zu besichtigen. Ein Taxi bringt Sie zurück zum Fluss. Mit dem Expressboot können Sie anschließend flussabwärts zum berühmten Oriental Hotel › **S. 70** fahren, dort einen Tee trinken und dann zur Sky Bar des nahen State Tower › **S. 74** im Sirocco hinauffahren, um bei einem Drink die fabelhafte Aussicht über den Chao Phraya zu genießen. Eine Station des Skytrains ist gleich um die Ecke. Gehen Sie früh schlafen, damit Sie am nächsten Morgen bereits gegen 6 Uhr den ersten Zug oder Bus nach Ayutthaya › **S. 138** erwischen. In der Morgensonne ist die herrliche Ruinenstätte am schönsten und das schattenlose große Areal auch noch erträglich kühl. Am Abend geht es wieder zurück nach Bangkok.

Bangkok 1 [C6] und Umgebung

Wat Phra Kaeo A und Königspalast B ⭐ [b3]

Am **Sanam Luang,** dem »Königsplatz«, schlägt das Herz der Stadt, und wer nicht mehr als einen Tag Zeit für Bangkok hat, sollte ihn hier verbringen. Ab dem späten Nachmittag erblüht hier Thailands Gegenwartskultur: ein Trödelmarkt, Snack- und Getränkestände, Wahrsager, Bauchläden mit Aphrodisiaka und an windigen Tagen ein Himmel voller Papierdrachen. Die Hauptattraktionen der Stadt liegen an der Südseite.

Thailands bekannteste Tempelanlage, der **Wat Phra Kaeo,** entstand 1782, im Gründungsjahr der Stadt und der herrschenden Chakri-Dynastie. ❗ Rund um die Innenseite der Mauer erzählen farbenfrohe Fresken im Uhrzeigersinn aus dem Ramakien, der thailändischen Version des indischen Ramayana-Epos. Ein prächtiger Anblick ist das Königliche Pantheon (Prasat Phra Tepidorm), desen Fassade allerlei Fayencen und Skulpturen schmücken. Die grimmigen Wächterfiguren symbolisieren legendäre Riesen, die Yaks. Der goldene Chedi birgt eine

Wat Phra Kaeo

Karte S. 60

Wat Mahathat, Nationalmuseum **Bangkok**

Buddhareliquie. Im Bot (Fotografieren streng verboten) thront auf einem hohen Altar eine nur 60 cm hohe Jadestatue. Dieser geheimnisumwobene Smaragdbuddha ist das Nationalheiligtum der Thais.

Durch ein Portal an der Tempelrückseite gelangen Sie auf das Gelände des **Königspalastes.** Die architektonische Vielfalt der Bauten spiegelt die Aufgeschlossenheit der Chakri-Herrscher der letzten zwei Jahrhunderte wider. In der Audienzhalle, Amarinda Vinichai, hält der König seine Geburtstagsrede. Ein vergoldeter bootsförmiger Altar verbirgt die Tür zu den hinteren Gemächern, davor steht ein ebenfalls vergoldeter Thron unter dem neunstufigen königlichen Baldachin. Eine zweite Audienzhalle, Dusit Maha Prasat, mit einem perlmuttverzierten Thron dient zur Aufbahrung königlicher Familienmitglieder. Ein ungewöhnlicher Anblick ist die Renaissancefassade des großen Palastes, Chakri Maha Prasat, mit typisch siamesischem Spitzdach.

Info
Die Anlage ist täglich von 8.30–16 Uhr geöffnet; die Paläste sind nur von Montag bis Freitag geöffnet. Die Eintrittskarte gilt auch für Vimanmek Mansion
› S. 66.

Königliche Stätten betritt man mit geschlossenem Schuhwerk, bedeckten Armen und Beinen. Wer den Wachen nicht angemessen gekleidet erscheint, bekommt gegen Pfand passende Kleidung und Schuhe geliehen.

Lak-Muang- Schrein C [c3]

Die Stadtsäule ist dem Schutzgeist Bangkoks gewidmet. Hier herrscht ständig ein lebhaftes Treiben: Die Thais bringen Opfergaben dar, lassen tanzen, reiben Blattgold auf die Säule und kaufen Lose – der gute Geist wird ihrem Glück dann sicherlich nachhelfen! **50 Dinge** ㉑
› S. 14.

Wat Mahathat D [b3]

Hinter der roten Fassade an der Westseite des Sanam Luang verbirgt sich das Kloster mit einer buddhistischen Universität. Auf der Rückseite, in den engen Gassen am Flussufer drängten sich die winzigen Stände des berühmten Amulettmarkts. Im Zuge der »Stadtsanierung« mussten die Händler 2016 weichen: Ein großer Verlust!

National- museum E [b3]

Die Sammlungen bieten einen guten Überblick über die thailändische Geschichte und Kultur aller Epochen. Teile der Museumsanlage gehörten früher zum Palast eines königlichen Stellvertreters. Ein großer Viharn beherbergt einen der drei hochverehrten **Sihing-Buddhas** (Mi–So 9–16 Uhr, Führungen in Deutsch Mi und Do um 9.30 Uhr, Tel. 0 2224 1333). **50 Dinge** ㉔
› S. 14.

Bangkok Khao San, Wat Arun

Khao San ❶ [c2]

Die Backpacker-Gegend um die Khao San Road ist angesagt. Das chinesische Viertel rund um den Chanasongkram-Tempel ist ein hipper Treffpunkt nicht nur der Hippies, sondern auch einheimischer Yuppies und gutbürgerlicher Einzelreisender. Nur einen Steinwurf von den Kulturattraktionen Bangkoks entfernt, ohne Staus, aber dafür mit einer Grünanlage am Sumen-Fort, findet der Besucher hier für wenig Geld alles, was er liebt, und obendrein mehr altes Bangkok als sonstwo. Im Gassengewirr verstecken sich ferner mehrere hochkarätige Bars, Restaurants, Läden und Hotels.

SEITENBLICK

Auf den Klongs ins ländliche Bangkok

Mit öffentlichen (oder gecharterten) Longtail-Booten geht es vom Pier (Tha) Chang hinter dem Königspalast durch die Klongs der westlichen Vororte **Thonburi** und **Nonthaburi**. Vorbei an Slums und Palästen, Märkten, Tempeln und Industrieanlagen vollziehen Sie scheinbar auch eine Reise durch die Zeit: Weiter draußen wird das Wasser sauberer, die Kanäle werden stiller, die Ufer grüner, und an manchen Stellen sieht alles fast noch so aus wie vor 50 Jahren. **Pandan Canal Boat Tours** veranstaltet halb- und ganztägige Klong-Touren mit einem kleinen Teak-Boot. Dabei lernt man u. a. einen schwimmenden Markt, einen »Urwaldtempel« und ein 250 Jahre altes Künstlerhaus kennen (ab BTS Wutthakat Station, www.thaicanaltours.com).

Wat Pho ❷ [b4]

Der ❗ größte und älteste Tempel Bangkoks, in dem rund 300 Mönche leben, umfasst vier Viharns, 95 bunte Chedis, eine Galerie mit knapp 400 Buddhastatuen sowie zahlreiche Nebengebäude. Die Hauptattraktion aber ist eine 46 m lange, 15 m hohe vergoldete Statue des »Ruhenden Buddha«, die den Eingang Buddhas ins Nirvana symbolisiert. 108 Perlmuttornamente an den Fußsohlen belehren über die Eigenschaften eines Buddha. **50 Dinge** ② › **S. 12.** Der Wat ist Zentrum einer landesweiten Bewegung für Lehre und Erhalt traditioneller Thai-Medizin. Nachmittags können Sie sich außerhalb des Tempelbereichs massieren lassen oder einen Massagekurs belegen › **S. 80.**

Wat Arun ❸ [b4]

Am gegenüberliegenden Flussufer (Fähren ab Tha Tien hinter Wat Pho) erhebt sich der »Tempel der Morgenröte«, einer der schönsten Sakralbauten des Landes. Im Zentrum steht ein 79 m hoher Prang aus dem frühen 18. Jh. Er symbolisiert nach hinduistisch-buddhistischer Philosophie die Weltenachse, den heiligen Berg Meru, flankiert von vier kleineren Prangs: alle reich mit Porzellanmosaiken verziert. Steile Treppen führen auf die Aussichtsplattform auf halber Höhe.

Khlongs in Thonburi

Wat Suthat [c3]

Der Tempel birgt grandiose Wandmalereien und Holzschnitzarbeiten an Türen und Fenstern. Im Viharn thront der beeindruckende, 8 m hohe bronzene Sakyamuni-Buddha, eines der berühmtesten Relikte der Sukhothai-Periode. In den verschiedenen Höfen stehen chinesische Steinfiguren und Pagoden. An den roten Riesenpfählen vor dem Tempel hing einst eine Schaukel, die man zu Wettbewerben nutzte (tgl. 9–21 Uhr).

Shopping
In der Bamrung Muang Road gehen die Mönche ihre buddhistische Devotionalien einkaufen. Bei dem kleinen Laden **Kor Panich,** Ecke Tanao Road, kann man den populären Thai-Nachtisch *khaoniao mamuang* (Klebreis mit Mango) probieren. Den Reis mit süßer Kokosmilch gibt es im Laden, die Mango dazu kauft man draußen von einem Händler.

Golden Mount und Wat Saket [d3]

Ein wundervoller Blick über Bangkok, vor allem nach Osten über den alten Stadtkern bis zum Wat Phra Kaeo und Wat Arun, präsentiert sich von der Plattform des goldenen Chedi auf dem Golden Mount in 60 m Höhe. Die 318 Stufen nach oben zu der ruhigen buddhistischen Tempelanlage flankieren Grabsteine, Urnen und Gebetsplätze.

Nördlich des Zentrums

Wat Benchamabophit [e2]
Der 1899 ganz aus weißem Marmor erbaute Tempel ist eine elegante Verschmelzung von Buddhismus und westlicher Sakralkunst. Ein Hof der Anlage enthält eine beispielhafte Sammlung von 53 Buddhastatuen

verschiedener Stile und Epochen, darunter der berühmte Schreitende Buddha aus Sukhothai. Am frühen Morgen nehmen Mönche die Gaben der Gläubigen an.

Vimanmek Mansion ⓛ [d1]

1901 ließ sich Rama V. diesen Palast aus Teakholz errichten. Rund 40 von insgesamt 81 Räumen stehen dem Publikum offen, sie sind liebevoll mit Fotos, Gebrauchs- und Kunstgegenständen aus königlichem Besitz eingerichtet. Ein Besuch ist nur im Rahmen einer 90-minütigen Führung möglich(alle 30 Minuten 9.45–15.15 Uhr; es gilt die Eintrittskarte vom Wat Phra Kaeo). Im Garten mit kleinen Seen werden klassische Thai-Tänze vorgeführt (tgl. um 10.30 und 14 Uhr).

Chinatown [d4–e5]

In den Straßen und Gassen zwischen **Yaowarat** und **Charoen Krung** (New Road) ist der chinesische Einfluss allgegenwärtig. Spätestens an den vielen Restaurants und Neonreklamen mit chinesischen Zeichen lässt sich die fernöstliche Herkunft der Bewohner erkennen: Die Läden verkaufen chinesische Arzneien, in den Porzellangeschäften drängen sich chinesische Kaiserfiguren und dicke lachende Buddhas, in schattigen Tempelhöfen lesen betagte Männer die Zeitung, und in zahllosen Goldläden wird gefeilscht um jedes Karat.

Eine typisch chinesische Marktstraße ist die Soi Wanit 1, besser bekannt als **Sampeng Lane** Ⓜ [d4/5]. Im Schneckentempo schiebt man sich vorbei an Läden mit buntem Allerlei, Pfannen und Töpfen, Blumen und Obst. An der Ecke Mangkon Road liegen das **Goldgeschäft Tang To Kang** und gegenüber eine Filiale der **Bangkok Bank,** zwei besonders schöne Beispiele der klassischen Bangkoker Architektur des 19. Jhs. An der nächsten Ecke geht es links in die Soi Itsaranuphap. Auf dem Markt **Talaad Kao** Ⓝ [d4] werden frische und getrocknete Fische feilgeboten und, wenn Sie der Straße folgen, die gesamte Palette asiatischer Lebensmittel.

Shopping

Im überdachten indischen Stoffmarkt **Pahurat** finden Sie preiswerte Seidenstoffe (leider auch viele Imitationen). Hochwertige Seide erwerben Sie lieber in der **Old Siam Plaza** Ⓞ [c4] auf der anderen Straßenseite. Hier bekommt man eine fabelhafte Auswahl an handgefertigten und handgefärbten Seidenstoffen. Eine Näherin oder Schneiderin ist stets bei der Hand.

Wat Traimit Ⓟ [e5]

Ein kleines Tor mit der Aufschrift »The Golden Buddha« führt zu dem Tempel am Rande Chinatowns. Hier wurde in den 1950er-Jahren eine vermeintlich aus Zement gegossene Buddhastatue beschädigt. Unter dem Riss schimmerte pures Gold hervor. Die 5 t schwere, massiv goldene Statue im Sukhothai-Stil (13. Jh.) zählt zu den größten buddhistischen Kunstschätzen Thailands.

Rund um den Siam Square, Patpong **Bangkok**

Rund um den Siam Square ⓘ [g4]

Der Platz ist flankiert von mehreren Einkaufszentren, nachts locken hier zahlreiche Discos und Kneipen. Bis spät in den Abend hinein bummeln die Thais durch das **Mahboonkrong Shopping Center,** kurz MBK genannt. Im obersten Stock bieten Dutzende kleiner Garküchen Stärkung. **50 Dinge** ⑰ › S. 14.

Hoch oben auf der Ebene des Skytrains hat sich eine ganz eigene Welt entwickelt. Über einen Walkway geht es von der Station Siam Center direkt in die Einkaufszentren, z.B. ins Luxuskaufhaus **Siam Paragon. 50 Dinge** ⑯ › S. 13. **50 Dinge** ㉜ › S. 15. Im Untergeschoss befindet sich **Sea Life Bangkok Ocean World,** ein sehenswertes Aquarium mit imposanten Becken, in denen sich auch seltene Tiere wie Ammenhaie oder Nautili tummeln (tgl. 10 bis 21 Uhr, www.sealifebangkok.com).

Jim Thompson House ⓡ [f4]

Der Amerikaner Jim Thomson wurde in den 1950er-Jahren durch den Aufbau einer thailändischen Seidenindustrie reich und berühmt. 1959 ließ er sich Häuser des 18. und 19. Jhs. aus der Provinz nach Bangkok schaffen und dort zu einer neuen Wohnanlage zusammensetzen. Die Räume füllte er mit einer eindrucksvollen Sammlung südostasiatischer Antiquitäten (tgl. 9–18 Uhr, www.jimthompsonhouse.com).

Erawan-Schrein Ⓢ [h4]

Hier herrscht ständiges Kommen und Gehen, Beten und Opfern. Tänzerinnen geben tagsüber Kostproben des klassischen Thai-Tanzes – dem Hindugott Brahma zu Ehren, der bei liebevoller Behandlung viele Wünsche erfüllen soll und vor lauter Blumengirlanden und Weihrauch kaum noch zu erkennen ist.

Lumpini Park ⓣ [g5–h6]

Bangkoks größte Grünanlage lohnt zu jeder Tageszeit. Auf einer Bühne finden Kulturveranstaltungen statt, und auf der Sportanlage rechts neben dem Haupteingang spielen am späteren Nachmittag fast täglich hervorragende Takraw-Teams.

Patpong ⓤ [f5–g6]

Jenseits der Rama IV. Road ziehen die drei neonblinkenden Gassen von Patpong die Massen an. Hier konkurriert ein Nachtmarkt, der Markenpiraterie an den Touristen bringt, mit Dutzenden von Bars und Go-Go-Schuppen. In deren Parter-

Das Mahboongkrong Shopping Center

re geht es harmlos zu, aber lassen Sie sich nicht in die oberen Stockwerke lotsen, wo Minuten einer dubiosen Show und ein paar Bier schnell 2000 Baht kosten können. Im Fall der Fälle kann eventuell die Touristenpolizei helfen, die an der Patpong eine mobile Einsatzstelle eingerichtet hat.

Chatuchak Market ⭐ [C6]

Auf dem Megamarkt im Norden der Stadt an der Phaholyothin Road, nahe Northern Bus Terminal und Skytrain-Endstation, kann jeder seiner Kaufwut freien Lauf lassen. Tausende Stände drängen sich in einem unübersichtlichen Gassengewirr. Hier können Sie wundervoll und hautnah Bangkoker Alltag erleben. Tolle Souvenirs sind coole Shirts, ethnische Kleidung, Musikinstrumente, Kunsthandwerk der Bergvölker, Amulette, Antiquitäten und ❗Kreationen junger einheimischer Designer. Gegessen wird in unzähligen Garküchen (tgl. bis Sonnenuntergang, aber möglichst frühmorgens kommen; inoffizieller Führer im Internet unter www.chatuchak.org). **50 Dinge** ㊱ › S. 15.

Info

Tourism Authority of Thailand (TAT)
- 4 Ratchadamnoen Nok Ave.
  www.tourismthailand.org
  Infoschalter auch am Flughafen.

Tourist Police
- Neben dem TAT

Zweigstellen am westlichen Ende der Khao San Rd., am Lumpini Park und abends in der Patpong Rd. Fast landesweit ist sie in Notfällen unter Tel. 1155 rund um die Uhr zu erreichen.

Anreise
- **Flugzeug:** Suvarnabhumi-Airport (www.bangkokairportonline.com) etwa 50 km außerhalb des Zentrums (Richtung Pattaya). Verbindung mit der Innenstadt: Suvarnabhumi Airport Express Line (15 Minuten nonstop bis zur Station Makkasan, 90 Baht) und Suvarnabhumi Airport City Line (25 Min. mit 6 Stopps bis zur Station Phaya Thai, 45 Baht), dann Taxi in die Innenstadt (60–100 Baht), www.bangkokairporttrain.com). Taxis und Mietwagenfirmen bieten auf Level 1 ihre Dienste an (Taxameter plus 50 Baht Flughafenzuschlag, plus Autobahngebühr, kein Coupon-System, je nach Verkehr zwischen 350 und 450 Baht).
- **Bus:** Richtung Norden (u. a. Chiang Mai) ab Northern Bus Terminal (Mo Chit), Kamphaengphet 2 Rd., Tel. 0 2936 2841-8 (für Norden), Tel. 0 2936 2853-6 (für Nordosten); Richtung Süden ab Southern Bus Terminal in Thonburi (Phra Pinklao Rd., Tel. 0 2435 1190), nach Pattaya ab Eastern Bus Terminal (Ekamai), Sukhumvit Rd., Tel. 0 2392 9227.
- **Zug:** Hauptbahnhof Hua Lamphong in Chinatown, Tel. 0 2223 3762. Fahrkarten auch in jedem Reisebüro.

Verkehrsmittel in der Stadt
- **Skytrain:** Die Hochbahn (www.bts.co.th) mit ihren zwei Linien ist Bang-

Karte S. 60

Adressen **Bangkok**

koks bestes und schnellstes Verkehrsmittel (tgl. 6–24 Uhr).
- **U-Bahn:** Die Metro (www.mrta.co.th) ist zwischen Lumpini Park und Hauptbahnhof von Interesse.
- **Boot:** Die Schnellboote des Chao Phraya River Express (www.chaophrayaexpressboat.com) verkehren von 6–18 Uhr auf dem Flussbogen in der Innenstadt und halten an vielen touristisch interessanten Punkten. Für die kleineren, lauten Longtail-Boote gilt: Zahlen Sie pro gechartertem Boot (nicht pro Fahrgast!) max. 800 Baht für die erste und 400 Baht für jede weitere Stunde.
- **Taxi:** Taxis sind komfortabel und preiswert, aber bestehen Sie unbedingt auf Einschalten des Taxameters.
- **Tuk-Tuk:** Mit den dreirädrigen, offenen Tuk-Tuks sollte man, wenn überhaupt, nur kurze Strecken fahren. Sie sind unsicher, kaum billiger als Taxis, man schluckt Abgase und wird gern in ein unseriöses Schmuckgeschäft bugsiert. Im Zweifel sofort aussteigen!

Hotels

Arun Residence €€€
Schön restauriertes altes Haus am Fluss. ❗ 5 elegante Zimmer, alle mit grandiosem Sonnenuntergangsblick auf den Wat Arun. Buchen Sie die Arun Suite mit ihrem großen Balkon. Gutes Restaurant und opulentes Frühstück. **50 Dinge** ⑳ › S. 14.
- 36–38 Soi Pratoo Nok Yoong Tien-Pier | Tel. 0 2221 9158 www.arunresidence.com

W Bangkok €€€
Das erst vor wenigen Jahren in Silom eröffnete 31-stöckige Luxushotel vereint

Blick von der Arun Residence

geradezu futuristisch anmutenden Komfort mit thailändischer Gastfreundschaft.
- 106 North Sathorn Road Tel. 0 344 4000 www.whotelbangkok.com

Banyan Tree €€€
Bei Geschäftsleuten beliebtes Hotel mit luxuriösem Spa, Open-Air-Restaurant Vertigo und Moon-Bar. **50 Dinge** ㉚ › S. 15.
- Thai Wah Tower 21/100 Sahtorn Tai Rd. Tel. 0 2679 1200 www.banyantree.com

Chakrabongse Villas €€€
❗ Ehemaliger königlicher Palast am Chao Praya mit herrlichem Garten und drei luxuriösen Villen: Das Thai House ist im Ayutthaya-Stil gestaltet, die Riverside Villa (mit Blick auf den Wat Arun) und die Garden Suite bieten modernsten Komfort. Die Chinese Suite am Pool. ist erlesen möbliert. Drei kleinere Zimmer sind im marokkanischen Stil eingerichtet. Exklusives Ausflugsboot für Gäste.
- 396 Maharaj Rd. Tel. 0 2622 1900 www.chakrabongsevillas.com

Das Vertigo im Banyan Tree Hotel

Luxx €€€
Kleines Designhotel mit Zen-Atmosphäre, nur einen Steinwurf von der Silom Rd. entfernt. Komfortable Zimmer, verglaste Bäder mit Holzwanne. Noch hipper ist das LuxxXL in der 82/8 Langsuan Rd. am Lumpini Park (Tel. 0 2684 1111).
- 6/11 Decho Rd. | Tel. 0 2635 8800
  www.staywithluxx.com

The Metropolitan €€€
Moderne Eleganz aus dunklem Holz, hellem Stein und viel Glas. Dazu fabelhafte kreative Thaiküche des Australiers David Thompson im Restaurant nahm, die elitäre Met-Bar und mit dem balinesisch inspirierten Como Shambhala eines der besten Spas der Stadt.
- 27 South Sathorn Rd.
  Tel. 0 2625 3333
  www.comohotels.com

Oriental Hotel €€€
Eines der berühmten Kolonialhotels Südostasiens. Diese Tradition verströmen noch die Zimmer im ursprünglichen »Author's Wing«, wo berühmte Literaten genächtigt haben. Das Spa (am Thonburi-Ufer) gehört zu den besten der Stadt. **50 Dinge** ⑤ › S. 12.

- 48 Soi 38 | Th Charoen Krung
  Tel. 0 2659 9000
  www.mandarinoriental.com/bangkok

Rembrandt Hotel €€€
Elegantes Hotel unter Schweizer Leitung. Alle Zimmer mit großartigem Ausblick, dazu das Rang Mahal, das beste indische Restaurant der Stadt.
- 19 Sukhumvit Soi 18
  Tel. 0 2261 7100
  www.rembrandtbkk.com

Sukhothai Hotel €€€
Lilienteiche, Statuen und Pagoden aus der Sukhotai-Zeit gemischt mit modernem Design-Understatement. Das Restaurant La Scala serviert beste italienische Küche, das Celadon feinste Thai-Spezialitäten, und in der coolen Zuk-Bar kann man herrlich abhängen. Am Hotelpool finden sich die Stars der asiatischen Medienszene sonntags zum jazzigen Brunch, freitags und samstags zum legendären Schoko-Büfett ein.
- 13/3 South Sathorn Rd.
  Tel. 0 2344 8888
  www.sukhothai.com

Phranakorn-Nornlen Hotel €€
Charmantes umweltbewusstes Hotel in Banglampu mit relaxter Atmosphäre. Liebevoll eingerichtete klimatisierte Zimmer. Vegetarisches Frühstück inkl.
- 46 Thewet Soi 1 | Thewet-Pier
  Tel. 0 2628 8188
  www.phranakorn-nornlen.com

Lub D €–€€
Schickes Hostel mit modernen komfortablen Zimmern und großen Betten, Klimaanlage, kostenlosem WLAN und Safe. DZ mit eigenem Bad.

Karte S. 60

- 4 Decho Rd. (abseits der Silom Rd.)
  Tel. 0 2634 7999 | www.lubd.com
- 925/9 Rama 1 Rd.
  (am Siam Square mit Skytrain-Stopp)
  Tel. 0 2612 4999

Link Corner Hostel €

Sympathisches Hostel mit blitzsauberen klimatisierten Zimmern. Ideale Lage, da die Airport City Line (Rachaprarop Station) fast vor der Haustür hält.

- 86/7 Ratchaprarop Road
  Phaya Thai | Tel. 0 2640 0550
  www.linkcornerhostel.com

Shanti Lodge €

Eines der besten Guesthouses der Stadt. Zimmer und (geteilte) Bäder sind blitzblank. Die teuersten Zimmer bieten Klimaanlage, heiße Dusche. Restaurant.

- 37 Sri Ayutthaya Soi 16
  Tel. 0 2281 2497
  www.shantilodge.com

Suk 11 €

Seriöses Guesthouse im Nightlife der Sukhumvit. Alle Zimmer mit Klimaanlage, Bäder mit Warmwasser. Wäschereiservice und WLAN.

- 1/13 Sukhumvit Rd. Soi 11
  Tel. 0 2253 5927 | www.suk11.com

Restaurants

Issaya Siamese Club €€€

Das alte Haus versteckt sich in einer Gasse unweit der Rama IV Road. Hier wird vielgerühmte Thaiküche serviert.

- 4 Soi Sri Aksorn, Chue Ploeng Rd.
  Tel. 0 2672 9040 | www.issaya.com

nahm €€€

Der Australier David Thompson mischt die Thai Küche in Bangkok auf.

- Metropolitan Hotel
  27 Sathon Thai Rd. | Tel. 0 2625 3333
  www.comohotels.com

Vertigo €€€

Fusionsküche in Open-Air-Restaurant und Moon Bar im 61. Stock mit Superaussicht.

- Banyan Tree Hotel | Thai Wah Tower
  21/100 Sahtorn Tai Rd.
  Tel. 0 2679 1200
  www.banyantree.com

Zanotti €€–€€€

Einer der besten Italiener der Stadt. Preiswerter ist das Schwesterlokal Vino de Zanotti (Rma IV Rd., Soi Nanglinchee 9, Tel. 0 2678 0577). Tolle Weinkarte.

- 21/1 Silom Rd.
  Tel. 0 2636 0002
  www.zanotti-ristorante.com

Baan Khanitha €€

Elegantes Thai-Lokal mit an westliche Gaumen angepasster Schärfe.

- 36/1 Sukhumvit Soi 23
  Tel. 0 2258 4181
  www.baan-khanitha.com

Bei Otto €€

Etablierte Adresse für Schweinshaxe, Würste, Backwaren, deutsche Biere.

- 1 Sukhumvit Soi 20
  Tel. 0 2260 0869
  www.beiotto.com

Hazara €€

Das Teakhaus im Ayutthaya-Stil serviert panasiatische Köstlichkeiten. In der Face Bar gibt's leckere Nudelsuppe.

- 29 Sukhumvit Soi 38
  Tel. 0 2713 6048
  www.face-bangkok.com

Le Dalat Indochine €€
Altes zweistöckiges Thai-Haus mit Antiquitäten. Authentische, vielleicht ❗ die beste vietnamesische Küche der Stadt.
- 57 Soi Prasarnmitr/Sukhumvit 23
  Tel. 0 2259 9593
  www.ledalatbkk.com

❗ Erstklassig

Die heißesten Nightlife-Tipps

- **Route 66** ist mit seinen schicken drei Dancefloors und Top-DJs derzeit einer der angesagtesten Klubs in Bangkok. › **S. 74**
- Eine beliebte Location für Live-Jazz in Bangkoks Sukhumvit ist **The Living Room.** › **S. 74**
- **LED Club** heißt der neue Treffpunkt der trendigen Underground-Szene in Bangkok. › **S. 74**
- Pattayas Transvestitenshows im **Tiffany** und im **Alcazar** muss man einfach erlebt haben. › **S. 82**
- Mit Live-Rockmusik unterhält der **Red Hot Club** am Patong Beach von Phuket. › **S. 99**
- **Timber Hut** feiert mit den besten Bands der Insel die tollsten Partys in Phuket Town. › **S. 99**
- Der **Cha Cha Moon Beach Club** ist eine Neuentdeckung am Chaweng Beach, Ko Samui. › **S. 109**
- **Pornping Tower** heißt ein Hotelturm am Nachtmarkt von Chiang Mai mit gleich zwei Diskotheken. › **S. 122**
- Das **Warm Up Café** ist der Treff aller einheimischen Trendsetter von Chiang Mai. › **S. 122**

Nang Gin Kui €€
In ihrer Wohnung mit Flusspanorama servieren Florian (ein Wiener) und Goy mehrmals die Woche 12 Gästen ein ❗ fabelhaftes 12-Gänge-Menü mit Thai-Köstlichkeiten. Nur mit Reservierung!
- Charoen Krung Soi 20
  Chinatown | Tel. 0 85 904 6996
  www.nangginkui.com

Once Upon a Time €€
Drei Holzhäuser mit reizvollem Garten sorgen fürs Ambiente. Traditionelle, aber eher milde regionale Thai-Spezialitäten.
- 32 Petchaburi Soi 17
  Tel. 0 2252 8629

Rang Mahal €€
❗ Die geheimnisvoll gewürzten nordindischen Muglai-Gerichte sind klasse, die Aussicht vom 26. Stock auch. Toller Sonntagsbrunch.
- Rembrandt Hotel
  19 Sukhumvit Soi 18
  Tel. 0 2261 7100 ext. 7532
  www.rembrandtbkk.com

Krua Apsorn €–€€
Gefeierte ❗ Thai-Küche ohne Kompromisse (fabelhafte Currys!).
- 503–505 Sam San Rd.
  Tel. 0 2685 4531
  www.kruaapsorn.com

Nara €–€€
Halb Bangkok kommt hierher zum Lunch. Die süß-scharfe Sukhothai-Nudelsuppe mit Schweinefleisch und knackigem Gemüse kostet keine 2 €.
- Erawan Bangkok Mall
  494 Ploenchit Rd.
  Tel. 0 2250 7707
  www.naracuisine.com

Karte S. 60

Adressen **Bangkok**

Die Transvestitenshows in Pattaya haben Weltklasse

May Kaidee's Vegetarian Restaurant €
Ausgezeichnete vegetarische Thai-Küche in einer Seitenstraße der Khao San Rd.
- 117/1 Thanoa Rd. | Phra-Athit-Pier
  Tel. 0 2629 4413
  www.maykaidee.com

Roti Mataba €
Etwas über 2 € kostet hier Roti (Fladenbrot) mit leckeren Füllungen, die ideale Stärkung vor und nach Tempelbesuchen.
- Phra Athit Rd. | Phra-Athit-Pier
  Tel. 0 2282 2119

Nightlife
Aktuelle Veranstaltungstipps: Guru Magazine (Fr in der Bangkok Post), Best of the Week (Fr in The Nation) und BK-Magazine (www.bk.asia-city.com), das jede Woche kostenlos in vielen Cafés und Hotels ausliegt, www.thaiticketmaster.com.

Bessere Optionen als Patpong gibt es genug: Piano- und Jazzklubs, Hightechdiskotheken, professionelle Transvestiten- und Folkloreshows. In der Royal City Avenue reihen sich auf 2 km zwischen Rama IX. Rd. und New Phetchaburi Rd. Klubs und Bars aneinander. In der »Szene«-Straße Thanon Tanao treffen sich jugendliche Thais bei Bier und Cocktails. Die Yuppies schwärmen in die Tanztempel der Sukhumvit Rd. aus (z. B. Discovery, Narcissus).

Bar Bali
Idealer Ort zum Abhängen. Kunstausstellungen und Livemusik.
- 58 Phra Athit Rd. | Tel. 0 2629 0318

BarSu
Sushi, Tempura, Tapas und eine gute Cocktailkarte ziehen ein etwas reiferes Publikum in diesen coolen Nightclub.
- im Sheraton Grande Sukhumvit
  250 Sukhumvit Rd | Tel. 0 26498358
  www.barsubangkok.com

Brown Sugar
Hier wird jede Nacht außer montags bester Jazz live gespielt.
- 469 Phrasumen Rd.

Bangkok Adressen

Banglamphu
Tel. 0 2282 0396
www.brownsugarbangkok.com

The Club
Drum 'n' Bass, House, Tribal und zuckende Farblaser. Donnerstags ist Full Moon Party à la Ko Phangan, mit psychedelischer Trancemusik.
- 123 Khao San Rd. | Tel. 0 2629 1010
  www.theclubkhaosan.com

Hippie De Bar
Eine der coolsten und ruhigsten Bars in der turbulenten Khao San Rd. mit gemischtem Publikum.
- 46 Khao San Rd. | Tel. 0 2639 3508

LED Club
❗ Heißer Undergroundclub, enorme Soundanlage und internationale DJs.
- Royal City Avenue | Rama 9 Rd.
  Tel. 0 86 860 0808

The Living Room
Die Bar im Sheraton Grande Sukhumvit gehört zu den Top Locations für Livejazz. Beliebt ist der Jazz-Brunch am Sonntag.
- 250 Sukhumvit Rd.
  Tel. 0 2649 8353
  www.thelivingroomatbangkok.com

Route 66
Riesiger durchgestylter Klub mit drei Dancefloors – meist Hip-Hop, Techno, Thai-Pop. Am Wochenende ist hier die Hölle los. Das Publikum ist jung, die Drinks sind erschwinglich. ❗ Hier legen die besten DJs der Stadt auf (tgl. 20 bis 2.30 Uhr).
- Royal City Avenue/Rama 9 Rd.
  Tel. 0 2203 0936
  www.route66club.com

Saxophone Pub
Jazz-, Blues- und Reggae-Livemusik. So abend Jamsession.
- Victory Monument | Phaya Thai Rd.
  Tel. 0 2246 5472
  www.saxophonepub.com

Sirocco
Sky Bar mit fabelhafter Aussicht über den Chao Phraya.
- The Dome at State Tower
  1055 Th Silom | Tel. 0 2624 9555
  www.lebua.com/sirocco

Shopping

Bei Sonnenuntergang belebt sich der **Flohmarkt** an der Memorial Bridge. Gleich nebenan liegt **Talaad Pak Khlong,** der ❗ Großmarkt für Blumen, Obst und Gemüse: am interessantesten morgens. Lohnend für einen Einkaufsbummel sind **Silom Village** und **Silom Plaza** mit vielen Restaurants, Cafés und Boutiquen, beide Silom Rd. Hypermoderne Einkaufszentren sind **Siam Square, Siam Center** und **Siam Paragon,** alle am Siam Square, sowie **Sukhumvit Plaza** gegenüber Sukhumvit Soi 17. An der Charoen Krung Rd. um das Oriental Hotel konzentrieren sich Antiquitäten- und Schmuckläden; Antiquitäten und gute Schneider findet man im **River City Shopping Center.** Fundgruben für Stoffe sind die Sois an der Sukhumvit Rd., ❗ in Chinatown der indische Pahurat-Markt und das gegenüberliegende **Old Siam Plaza.**

Emporium
Bangkoks feinstes Kaufhaus. **50 Dinge** ㊵ › S. 16.
- 622 Sukhumvit Rd.
  www.emporium.co.th

Karte S. 78

Ausflüge von Bangkok **Bangkok**

Rajawongse Clothiers
Bangkoks beste Maßschneiderei (neben Landmark Hotel). **50 Dinge** ㊴ › S. 16.
- 130 Sukhumvit Rd. | Nähe Soi 4
Tel. 0 2255 3714
www.dress-for-success.com

Rasi Sayam
Kunsthandwerk aus ganz Thailand in Topqualität, sehr kenntnisreiche Inhaber.
- 82 Sukhumvit Soi 33
Tel. 0 2262 0729

Narai Phand
Bangkoks größtes Kunstgewerbezentrum (tgl. 10–20 Uhr).
- Ratchadamri Rd. | Tel. 0 2656 0398
www.naraiphand.com

Almeta
Riesige Auswahl an in Nordthailand hergestellten hochwertigen Seidenstoffen.
- 20/3 Sukhumvit Soi 23
Tel. 0 2204 1413 | www.almeta.com

Orchid Books
Größte Auswahl an Büchern über Thailand und Asien.
- Silom Complex | 4. Stock
191 Silom Rd. | Tel. 0 2930 0149
www.orchidbooks.com

Ausflüge von Bangkok

Damnoen Saduak ❷ [C6]

Eine Bustour zum **Schwimmenden Markt** von Damnoen Saduak, rund 100 km westlich von Bangkok, kann man in jedem Hotel buchen. Kombiniert wird die Tour in der Regel mit einem Mittagessen im **Rosegar-**

Markt in Damnoen Saduak

den (30 km westl. von Bangkok), dessen Thai Village tgl. ab 14 Uhr in einer Zeitraffershow alles vorführt, was man als landestypisch betrachtet. Im **Samphran Elephant Ground & Zoo** gibt's nachmittags eine gut inszenierte Elefantenshow.

Nakhon Pathom ❸ [B6]

Sehenswert ist der **Phra Pathom Chedi,** der älteste und mit 127 m höchste buddhistische Sakralbau Thailands, dessen Kern aus dem 5. Jh. stammt. Touren zum Schwimmenden Markt beinhalten oft einen Schnellbesuch der Stadt (ca. 70 km westl. von Bangkok). Steigen Sie lieber am Nachmittag in den preiswer-

SEITENBLICK

Bootsausflug
Einen 1- bis 2-tägigen Ausflug können Sie von Bangkok zum Sommerpalast **Bang Pa In** › S. 130 und nach **Ayutthaya** › S. 128 unternehmen, am stimmungsvollsten an Bord einer der prächtigen Reisbarken (Infos: www. thairivercruise.com und www.manohracruises.com).

teren öffentlichen Bus 83 (Southern Bus Terminal, 1 Std.). Im Abendlicht leuchtet der Chedi. Ab 17 Uhr bauen davor Garküchen ihre Stände auf. Der letzte Bus zurück nach Bangkok fährt gegen 21.30 Uhr.

Kanchanaburi 4 und die River Kwai Bridge [B6]

Sämtliche Reiseveranstalter Bangkoks locken mit Tagesausflügen zur **Brücke am Kwai**, 4 km nordwestlich des Zentrums von **Kanchanaburi**. Die Stadt liegt 130 km westlich von Bangkok am Zusammenfluss von Kwae Yai und Kwae Noi. Umgeben von Sandsteinbergen, Wäldern und Obstplantagen, ist sie am Wochenende ein beliebtes Erholungsziel.

Das **JEATH War Museum** (tgl. 8–16.30 Uhr) am Fluss südlich vom Stadtzentrums informiert über die Leiden der 61 000 alliierten Kriegsgefangenen. Etwa 1 km nördlich liegt zwischen Fluss und Eisenbahnlinie der **Soldatenfriedhof**. Nebenan dokumentiert das **Thailand-Burma Railway Center** (tgl. 9–17 Uhr, www.tbrconline.com) den Bau der 415 km langen Eisenbahnlinie zwischen Birma und Thailand, bei dem 16 000 Kriegsgefangene, aber auch etwa 115 000 asiatische Kulis (darunter 80 000 Thais) ums Leben kamen. Die »Todesbahn« sollte den durchgehenden Zugverkehr zwischen der japanischen Basis Singapur und der hinterindischen Front herstellen. Die Brücke wurde 1944 bombardiert, später mit japanischen Reparationsgeldern wieder aufgebaut. Noch heute rollen Züge darüber – die Reisenden sind meist Touristen. Ende November/Anfang Dezember wird die Bombardierung der Brücke aufwendig nachgestellt.

Von Kanchanaburi windet sich die **Todesbahn** (Death Railway) auf einer abenteuerlichen Strecke von 77 km weiter Richtung Nordwesten. Auf seiner zweistündigen Fahrt durchquert der Zug 30 m tiefe, steile Schluchten, die damals nur mit der Spitzhacke in den massiven Fels getrieben wurden, und klappert kurz vor der heutigen Endstation **Nam Tok** über den haarsträubenden hölzernen Wang-Po-Viadukt.

Info
Tourism Authority of Thailand (TAT)
Auch Infos zu Floßtouren.
• Saengchuto Rd. | Tel. 0 3451 1200

Anreise
- **Zug:** ab Bahnhof Thonburi/Bangkok um 7.44 und 13.55 Uhr (3½ Std.)
- **Bus:** häufig ab Southern Bus Terminal in Bangkok (2½ Std.)

Hotels
Oriental Kwai €€€
Kleines schickes Resort mit 12 Bungalows. Vorzügliches Restaurant mit Terrasse zum Fluss, familiäre Atmosphäre.
• 194/5 Moo 1 | Ladya
Tel. 0 3458 8168
www.orientalkwai.com

Sabai@Kan Resort €€
Freundliches Boutique-Hotel mit tropischen Garten und schönem Pool.
• 317/4 Mae Nam Kwae Rd.
Tel. 0 3462 5544
www.sabaiatkan.com

Ausflüge von Bangkok   **Bangkok**

Apple's Retreat & Guesthouse €
Gemütlich, sehr sauber, populäres Restaurant, Massagen und Kochschule.
- 52 Soi Rong Hip Oi Rd.
  Tel. 0 3451 2017
  www.applenoi-kanchanaburi.com

Restaurants
Auf den **Floßrestaurants** in Kanchanaburi gibt es gutes Essen.

Aktivitäten
Sehr beliebt sind **Floßfahrten.** Ob als schwimmendes Restaurant, Disco oder für Exkursionen ins dschungelige Umland zu mieten – mindestens einen Tag und eine Nacht sollten Sie auf einem der Bambusflöße verbringen. Platz ist für bis zu 20 Pers., der Preis beträgt 3000 bis 5000 Baht pro Tag, Personal, Verpflegung und Koch inkl.; entsprechende Gruppen finden sich täglich. Je nach Länge der Tour werden verschiedene Sehenswürdigkeiten angesteuert.

Das **Kanchanaburi Travel Center** (Nähe Jolly Frog, Tel. 0 8639 67349, www.tourkanchanaburi.com) bietet neben Floßfahrten auch Urwaldtouren sowie Ausflüge zu zwei alten Tempelanlagen in der Umgebung und zu einem Museum bei Ban Kao an, das prähistorische Funde ausstellt.

Kajakfahrten auf dem Fluss organisiert **Safarine** (nahe der Kwai-Brücke, Tel. 0 8604 91662, www.safarine.com).

Erawan National Park [5] [3] [B5]
Etwas 90 Minuten braucht der Bus zum 65 km nordwestlich von Kanchanaburi gelegenen Nationalpark.

Wasserfall im Erawan National Park

Dieser ist wegen seines Wasserfalls Thailands meistbesuchter Nationalpark und am Wochenende besonders frequentiert. Die siebenstufige Kaskade mit kristallklarem Wasser bildet gleich mehrere zum Baden einladende Pools. Für einen Aufstieg zu den oberen Terrassen sollte man allerdings einen ganzen Tag einplanen.

Im Norden des Parks liegt die **Phra-That-Höhle,** im Westen die nur 3 km von Nam Tok entfernte **Badan-Tropfsteinhöhle,** zu deren Begehung Sie neben festem Schuhwerk und einer Taschenlampe auch etwas Sportsgeist benötigen, da im Innern der Höhle doch einige recht glitschige Bambusleitern zu bewältigen sind.

Anreise
Kanchanaburi Travel Center
Organisiert Touren von **Kanchanaburi** zum Erawan National Park.
- Kanchanaburi (Nähe Jolly Frog)
  Tel. 0 8639 67349
  www.tourkanchanaburi.com

Die östliche Golfküste

Pattaya 6 [C7]

Pattaya ist Südostasiens größter Badeort mit jährlich über 8 Mio. Besuchern. Die von Hochhäusern bestimmte Skyline reicht bis dicht an den schmalen **Stadtstrand**, vor dem eine ganze Flotille von Motorbooten dümpelt, während Wasserskifahrer und Waterscooter vorbeizischen. Bessere Badebedingungen herrschen am Stadtrand. Ruhig und

sauber sind die optisch eher durchschnittlichen Strände bei **Naklua**. Der 14 km lange, teils sehr schmale Strand von **Jomtien** ist zum Baden auch gut geeignet, aber an manchen Abschnitten geht es rummelig zu.

Rund ums Jahr tummeln sich Touristen aller Herren Länder tagsüber an den Stränden und auf den vorgelagerten Inseln, besonders gern aber allnächtlich in Kneipen, Geschäften und vor unerschöpflichen Souvenirständen. Dauernd finden Feuerwerke, Heißluftballonwettbewerbe, Rallyes und ähnliche Veranstaltungen statt. Die auf Ausländer zugeschnittene Sexindustrie verlagerte sich aus Bangkok immer mehr nach Pattaya. Käufliche »Touristinnen« aus Russland und Afrika komplettieren das Nachtleben in der neonblinkenden Walking Street am südlichen Ende der Pattaya Beach Road. Gays amüsieren sich in der Pattaya Beach Road Soi 3. Trotz Angeboten für einen abwechslungsreichen Familienurlaub, fühlen sich hier außer Sextouristen vor allem Rentner auf Langzeiturlaub wohl.

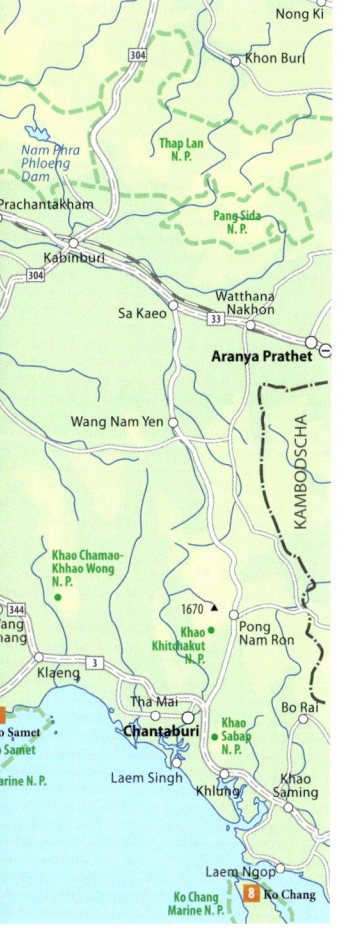

Info

Tourism Authority of Thailand (TAT)
• Phrathamnak | Tel. 0 3842 7667

Auf Deutsch informieren www.pattaya blatt.com, www.hallomagazin.com und www.der-farang.com

Anreise

• **Busse** fahren von Bangkoks Eastern und Northern Bus Terminal sowie vom Suvarnabhumi Airport (www.belltra velservice.com, 250 Baht).
• Ein **Taxi** von Bangkok kostet nach Verhandeln etwa 1300 Baht.

Verkehrsmittel in Pattaya

Zwischen den etwas abgelegeneren Hotels, vom Jomtien Beach und North Pattaya fahren ständig **Sammeltaxis** (Pickups), die Sie per Handzeichen anhalten; Preis vorher aushandeln!

SPECIAL

Die Komplettlösung Spa

Thailand reitet auf dem Kamm der Spa-Welle: Kaum ein gehobenes Hotel verzichtet noch auf die hauseigene Wellnessgrotte mit Massage, Aromatherapie, Schönheitssalon, Sauna und Whirlpool. Daneben locken zahlreiche Wohlfühleinrichtungen außerhalb der Hotels, oft (aber nicht immer) noch preiswerter und leistungsbewusster.

Eine komplette Behandlung dauert mindestens 4 Std. und empfiehlt sich gleich nach der Ankunft: So beginnt man den Urlaub schön erholt.

- **Banyan Tree Bangkok** › S. 69
Luxus-Spa mit Open-Air-Whirlpool und grandiosem Ausblick.
Tel. 0 2679 1052
www.banyantree.com
- **Chiva Som** › S. 86
Hier lassen sich die Reichen und Berühmten behandeln. Wenn Sie bereit sind, für 4 Std. 100 € und mehr hinzulegen, lohnt der Besuch der opulenten Verwöhnanlage – natürlich nur mit Voranmeldung, was im Übrigen auch für die folgenden Adressen auf Phuket gilt.
Hua Hin | Tel. 0 3253 6536
www.chivasom.com
- **Banyan Tree Phuket** [A11]
Tel. 0 7632 4374
www.banyantreespa.com
- **Chann Wellness Spa** [B7]
Thavorn Beach Village
Tel. 0 7661 8220
www.thavornbeachvillage.com

Fußreflexzonenmassage

Foot Reflexology stammt aus Fernost und wurde erst in jüngster Vergangenheit in Thailand zum Renner. Auch diese Technik ist unbestritten gut, und zwar nicht nur für Fußkranke. Neben beschwingtem Gang verleiht sie unter anderem herrlichen Schlaf, besonders zu empfehlen nach dem Mittagessen oder zur Nacht.

Wellness SPECIAL

- **Pattaya Reflexology Center** [C7]
  South Pattaya Rd. | Pattaya
  Tel. 0 3871 0099

Nuat Phaen Boran

Die klassische Thai-Massage zählte früher zum Repertoire eines jeden Friseurs und wurde auf jedem Bahnhof angeboten. Dann geriet diese landestypische Institution leider fast in Vergessenheit, um erst durch die Touristen wiederentdeckt zu werden – als Strandmassage. Die große Popularität der Strandmassage führte zur Neuerrichtung vieler Salons, in denen meist sehr sachkundig gearbeitet wird.

Bei dem Verfahren, dessen therapeutischer Wert unbestritten ist, werden in den überdehnten Gliedmaßen Druckpunkte stimuliert, was einer Kombination aus Massage und Krankengymnastik gleichkommt. Ursprünglich für gelenkige, ranke Bauern konzipiert, macht sich das System am europäischen Körper anfangs oft recht schmerzhaft bemerkbar, doch schon nach wenigen Sitzungen (jeweils mind. 90 Min.), gewinnt man einiges an Beweglichkeit und Fitness zurück.

- **Pian** [C6]
  Die Chefin hat lange als Massagelehrerin im Wat Pho gearbeitet, bevor sie sich selbstständig machte. Heute ist Pian einer der erfolgreichsten Massagebetriebe, mit angeschlossenem Schönheitssalon und Massageschule. Preiswert und gut, aber immer mit viel Betrieb (bis 23 Uhr).
  Ram Buttri Rd. (Nähe Khao San Rd.).
  Bangkok | Tel. 0 2629 0924
  www.pianmassageschool.com

Massagekurse

Wenn Sie fünf Tage Zeit, Fleiß und Ausdauer investieren wollen, können Sie die Thai-Massage auch selbst lernen. Lehrmaterialien gibt es auf Englisch, teilweise auch auf Deutsch, sodass Sie die komplizierten Körpermeridiane zumindest nicht auswendig lernen müssen. Die Abschlusszertifikate dürfen Sie gerahmt aufhängen, ansonsten haben sie keinen Wert, und sich selbst kann man auch nicht thai-massieren. Allerdings wundern sich erfolgreiche Absolventen oft, wie viele neue Freunde sie später gewinnen – die immer nur das eine wollen …

- **Wat Pho's Thai Traditional Medical and Massage School** [B2]
  Massiert wird an der Ostseite des Haupttempels. Die Kurse kosten 9500 Baht (Fußreflexzonenmassage 7500 Baht) und finden in einem anderen Gebäude außerhalb des Tempels statt. 392/33–4 Soi Pen Phat 1, Maharach Rd., auf das Restaurant Coconut Palm an der Ecke achten!
  Bangkok | Tel. 02 622 3533
  www.watpomassage.com

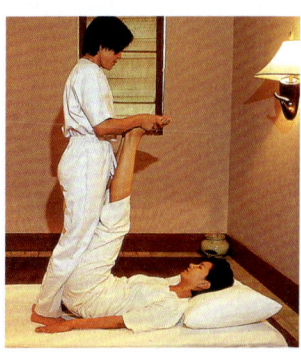

Gekonnte Griffe sorgen für Entspannung

Östliche Golfküste Pattaya

Hotels

Royal Cliff €€€
Protzig in die Klippen gebautes Hotel mit hübschem Privatstrand. Toller Spa!
- 353 Moo 12 Cliff Rd.
  Tel. 0 3825 0421 | www.royalcliff.com

Pattaya Park Beach Resort €€€
Der Hotel- und Entertainmentkomplex liegt an der schönsten Stelle Jomtiens. Für Kinder wunderbar: der Wasserpark mit Superrutschen.
- 345 Jomtien Beach | Tel. 0 3825 1201
  www.pattayapark.com

Sugar Hut €€€
Ca. 1 km vom Jomtien Beach entfernte weitläufige Gartenanlage mit großzügigen Bungalows und drei Pools.
- South Pattaya Rd. | Tel. 0 3825 1686
  www.sugar-hut.com

Woodlands Resort €€€
Familienfreundliche Anlage nahe des ruhigen Wong-Amat-Strand.
- Pattaya-Naklua Rd. | Tel. 0 3842 1707
  www.woodland-resort.com

Diana Inn €€
Nettes Hotel mit Pool, oft ausgebucht.
- Second Rd. | zwischen Soi 11 und 12
  Tel. 0 3842 9675
  www.dianainnpattaya.co.th

Restaurants

Internationale Speisen von Eisbein bis Falafel – gute Thai-Küche ist eher rar.

Cafe des Amis €€€
Feine Küche mit französischem Touch.
- 391/6 Moo 10 | Thap phraya 11
  Tel. 08 4026 4989
  www.cafedesamispattaya.com

Mantra €€€
Beste asiatische Fusionsküche. Gute Bar.
- Nähe Naklua Rd. | North Pattaya
  Tel. 0 3842 9591
  www.mantra-pattaya.com

Pattaya Park Tower €€€
Drehrestaurant auf Pattayas höchstem Wolkenkratzer, asiatische Küche.
- Jomtien Beach | Tel. 0 3825 1201
  www.pattayapark.com

Ruen Thai €€
Gutes Thai-Essen, klassische Thai-Tänze.
- Second Rd. | South Pattaya
  Tel. 0 3842 5911
  www.ruenthairestaurant.com

Nightlife

! Pattaya ist weltberühmt für seine glamourösen Transvestitenshows:
Tiffany
- Second Rd. | North Pattaya
  Tel. 0 3842 1701
  www.tiffany-show.co.th

SEITENBLICK

Spektakulär

- Die **Alangkarn Cultural Show** [C7] zeigt in ultramodernem Setting alles, was im modernen Thailand mehr oder weniger untergeht (Sukhumvit Rd., Tel. 0 3825 6000, www.alangkarnthailand.com/main.htm).
- Das Seewasseraquarium **Underwater World Pattaya** [C7] bietet einen 100 m langen Acrylglastunnel – hier sieht man Haie von unten, ohne nass zu werden (Sukhumvit Rd., tgl. 9–18 Uhr, www.underwaterworldpattaya.com).

Karte S. 78

Ausflüge von Pattaya **Östliche Golfküste**

Die fantastischen Parkanlagen der Nong Nooch Tropical Gardens

Alcazar
- Second Rd. | North Pattaya
Tel. 08 1781 1703
www.alcazarthailand.com

Mixx und Limalima
Zwei moderne, beliebte Discos im gleichen Haus.
- Bali Hai Pier | Walking Street

Club Insomnia
Gilt als Pattayas schickste Disco: Party People statt Gewerbesex.
 Walking Street | Tel. 0 3871 1322
www.clubsomniagroup.com

Ausflüge von Pattaya

Nong Nooch Tropical Gardens [C7]

Eindrucksvoll sind die botanischen Anlagen 17 km südlich von Pattaya – im Taxi 25 Min. – mit Orchideenzucht, Palmen und Kakteen. Es gibt Aufführungen (tgl. 10 und 15 Uhr) thailändischer Tänze und Elefantenshows.

Ko-Lan-Inseln [C7]

Die Inseln vor der Küste Pattayas bieten sogar ein paar Korallenriffe. Auf der namengebenden Insel gibt es einfache Unterkünfte und regelmäßigen Fährverkehr mit Pattaya. Die kleineren Inseln sind unbewohnt und ideal für Robinsonaden per Charterboot (Wasser und Proviant mitnehmen).

Ko Samet 7 ⭐ [C7]

Die kleine küstennahe Insel hat einige der schönsten Strände Thailands. Weltklasse ist **Hat Sai Kaeo** – fast staubfeiner, weißer Sand unter rauschenden Palmen. Obwohl Ko Samet Naturschutzgebiet ist und daher nicht bebaut werden dürfte, hält die touristische Erschließung weiter an.

Bangkok Ausflüge von Pattaya, Ko Samet

Einsame Bucht auf der Urwaldinsel Ko Chang

Die Insel ist häufig ausgebucht und manchmal überfüllt. Der Besuch lohnt sich nur während der Woche und nicht als Tagesausflug. Boote fahren von Ban Phe, 60 km südöstlich von Pattaya, erreichbar per Minibus.

Hotel
Ao Prao Resort €€€
Resort mit schönen Bungalows oberhalb eines wundervollen Strands an der ruhigeren Westküste. Gutes Restaurant.
- Ao Prao Beach | Tel. 0 2438 9771
  www.samedresorts.com

Ko Chang 8 [D7]

Die meisten schicken Hotels der gebirgigen großen Urwaldinsel Ko Chang, Filetstück des gleichnamigen Nationalparks an der Grenze zu Kambodscha, säumen den Strand **Hat Sai Khao** (White Sand Beach) nahe des Fähranlegers an der Westküste. Junge Backpacker ziehen **Hat Tha Nam** im Süden vor, der zwar Lonely Beach genannt wird, aber durch die nächtlichen Partys alles andere als einsam ist. Schnorchler und Taucher schätzen die **Bang Bao Bay** an der Südwestspitze wegen der vorgelagerten Korallenriffe und Unterwasserberge zwischen Ko Chang und der Insel Ko Kut.

Anreise
- **Fähre** von Laem Ngop, 20 km südlich der Stadt Trat (Flug- und Busverbindung mit Bangkok).

Hotels
KC Grande Resort €€–€€€
Freundliche, teils luxuriöse Bungalows am Strand, die besten mit Whirlpool (allerdings übertreuert).
- Hat Sai Khao | Tel. 0 3955 2111
  www.kckohchang.com

Paradise Cottage €–€€
Coole Unterkunft am Meer für anspruchsvollere Rucksackreisende.
- Lonely Beach | Tel. 0 8177 39337
  www.paradisecottageresort.com

Ko Chang, Phetchaburi **Östliche | Westliche Golfküste**

Restaurants

Thor's Palace €€
Beste Thai-Küche mit Meeresfrüchten.
- Hat Sai Khao | Tel. 0 8192 72502

India Hut Restaurant €€
Gute Punjab-Gerichte.
- Hat Sai Khao | Tel. 0 8144 13234

La Dolce Vita €€
Gute italienische Küche.
- Grand View Plaza 1 | Tel. 08 9683 5057

Aktivitäten

Ein Tauchspezialist ist **Ploy Scuba Diving** (Bang Bao, Tel. 0 8145 11387, www.ploytalaygroup.com).
Das **Ban Kwan Elephant Camp** (Ban Khlong Son, Tel. 0 8191 93995) bietet Elefantentrekking durch den Urwald zu erfrischenden Wasserfällen an.
Jungle Way nebenan (Tel. 0 8922 34795) arrangiert ein- oder mehrtägige Wanderungen.

Die westliche Golfküste

Phetchaburi 9 [B6]

Die Geschichte der Stadt geht auf das älteste buddhistische Reich in Siam zurück. Phetchaburi war eine Lieblingsresidenz der Herrscher der Chakri-Dynastie. Auf dem Palasthügel thront die 1859 von König Rama IV. erbaute Sommerresidenz **Phra Nakhon Khiri,** die ihre westlichen Einflüsse nicht verleugnen kann. Sie ist von mehreren Tempeln umgeben, darunter der **Wat Maha Samanaram** aus der Ayutthaya-Zeit, der **Wat Phra Kaeo,** der an den gleichnamigen Tempel in Bangkok erinnert, und der **Phrathat Jomphet,** ein großer weißer Chedi. In Phetchaburi selbst sind der **Wat Yai Suwannaram** aus dem 17. Jh. mit erlesenen Holzschnitzereien sowie der **Wat Ko Kaeo Sutharam** mit besonders schönen **Wandmalereien** aus der Ayutthaya-Periode besonders zu erwähnen. Beide liegen am Fluss.

Ein beliebtes Ausflugsziel (zu erreichen mit Taxi oder Dreirad-Samlor) ist der 5 km nördlich der Stadt gelegene Höhlenkomplex **Tham Khao Luang.** Durch einen Einsturztrichter einfallendes Tageslicht erleuchtet zahlreiche Buddhastatuen, winzige Chedis und Tropfsteine. Eine weitere populäre Höhle mit einer großen Buddhastatue ist die **Tham Khao Yoi,** 22 km nördlich. 70 km südwestlich von Phetchaburi liegt Thailands größter Nationalpark **Kaeng Krachan.** Seine Regenwälder, Wasserfälle und Kalksteingipfel sind ein beliebter Tagesausflug für Wanderer.

Hotel

Royal Diamond Hotel €
Saubere komfortable Zimmer mit modernen Bädern, leider nicht sehr zentral gelegen.
- Phet Kasem Rd.
  Tel. 0 3241 1061
  www.royaldiamondhotel.com

Westliche Golfküste Cha Am, Hua Hin

Cha-Am 10 [B7]

Eine knapp dreistündige Busfahrt bringt Pauschalurlauber von Bangkok in den Strandort, der hauptsächlich aus Kataloghotels besteht. Am Wochenende gesellen sich einheimische Studenten dazu. Wer's ruhiger mag, weicht nach Hua Hin weiter südlich aus.

Hotel
Hotel de la Paix €€€
Das Luxusresort bietet höchst komfortable Zimmern, Spa und Dachrestaurant.
- 115 Moo 7 | Tel. 0 3270 9555
  www.hoteldelapaixhh.com

Hua Hin 11 [B7]

Anfang des 20. Jhs. entdeckte die königliche Familie im Hinterland dieses Fischerdorfes, 188 km südlich von Bangkok, neue Jagdgründe für Tiger und anderes Großwild. Bald darauf fanden die Hoheiten auch am Strand Gefallen – die Geburtsstunde von Thailands erstem Badeort. Nach dem Bau der Eisenbahnlinie von Bangkok nach Singapur erreichte man Hua Hin 1922 so bequem, dass Rama VII. hier 1926 seine Sommerresidenz errichten ließ. Der **Palast Klai Klangwon** (Sanssouci – »Fern der Sorgen«) dient der königlichen Familie zum Rückzug vor Bangkoks Hitze. Der **Bahnhof** aus den 1920er-Jahren wurde bis ins Detail restauriert. Im Wesentlichen bewahrte Hua Hin seinen ursprünglichen Charakter – trotz etlicher Hochhäuser für Hotels und Eigentumswohnungen.

Die 5 km lange Bucht bietet einen sehr flachen, mäßig breiten, leicht grauen und gepflegten Sandstrand mit vielen Muschelsplittern. An einigen Stellen stehen altmodische Sonnenschirme und Liegestühle, meist ist es angenehm ruhig, es gibt fast keine Brandung. Das Wasser ist zwar nicht so klar wie im Süden, aber das gemütliche Hua Hin richtet sich auch eher an ein gesetztes Publikum, für das Schwimmen nicht im Vordergrund steht.

Info
Tourism Authority of Thailand (TAT)
- Ecke Damnoenkasem und Petchkasem Rd. | Tel. 0 3251 1047

Informativ ist auch ein Blick in den Hua Hin Observer.

Hotels
Chiva Som €€€
Überaus luxuriöses Wellnessresort mit holistischem Spa (Yoga, Tai Chi, Meditation und Massagen).
- 73/4 Petchkasem Rd.
  Tel. 0 3253 6536
  www.chivasom.com

Centara Grand Beach Resort & Villas Hua Hin €€€
Das liebevoll restaurierte ehemalige Railway Hotel ist ein ❗ Prunkstück erhaltener Kolonialstilhotels in Südostasien. Ein wundervoll weißer Strandbau mit geschnitzten Balustraden, rotem Ziegeldach, polierten Teakholzböden, Deckenventilatoren, Korbmöbeln und einem herrlichen Garten sowie einer Schmetterlingszucht. Das Hotel war Kulisse für etliche Filme.

Khao Sam Roi Yot National Park **Westliche Golfküste**

- 1 Damnoenkasem Rd.
  Tel. 0 3251 2021
  www.centarahotelsresorts.com

Fresh Inn €€
Modernes Haus im Zentrum, nur 2 Min. Fußmarsch vom Strand entfernt. Die Zimmer sind mit viel dunklem Holz und Thai-Seide sehr behaglich eingerichtet.
- 132 Naresdamri Rd.
  Tel. 0 3251 1389
  www.freshinnhuahin.com

Restaurants
Bei Einbruch der Dunkelheit öffnet der **Nachtmarkt** in der Altstadt, der gutes und preiswertes Seafood bietet. Ecke Damnoenkasem/Petchkasem Rd. hat sich ein zweiter **Markt** etabliert, dessen Stände z.T. auch tagsüber offen sind.

Baan Itsara €€
Gutes Seafood (besonders Seebarsch und Muscheln) in reizendem Holzhaus.
- 7 Naeb Kehardt Rd. | Tel. 0 3253 0574

Brasserie de Paris €€
Köstliche Bouillabaisse und Steaks.
- 3 Naresdamri Rd. | 0 92434 7037
  www.brasseriedeparis.net

Cool Breeze €€
Mediterrane Tapas, ausgezeichnete Weine und Cocktails.
- 62 Naresdamri Rd. | Tel. 0 3253 1062
  www.coolbreezecafebar.com

Nightlife
Einige Lokale der Altstadt bieten Livemusik zu wechselnden Zeiten. Einen Überblick über die Umgebung gewinnt man vom Dachgartenrestaurant des Hiltons.

Hua Hin ist Thailands erster Badeort

Khao Sam Roi Yot National Park 12 [B7]

Kalkfelsen mit tiefen Höhlen an der Küste, steile Klippen und landeinwärts bewaldete Täler machen den besonderen Reiz des Nationalparks südlich von Hua Hin aus. Dazu kommen Salzpfannen, Mangrovenwälder und vogelreiche Sümpfe, die man per Boot erkunden kann. An der Halbmondbucht des **Laem Sala Beach** werden einfache Bungalows vermietet. Von hier wandert man in ½ Std. zur Höhle **Tham Phraya Nakhon**. Durch die eingestürzte Decke fällt vormittags Sonnenlicht auf den Pavillon, der 1890 für einen Besuch von König Rama V. gebaut wurde. Schön ist auch eine Wanderung (40 Min.) vom Hauptquartier der Nationalparkverwaltung zum **Khao Daeng Viewpoint** (152 m) mit einem großartigen Panoramablick.

Anreise
- Per **Bus** oder **Zug** von Hua Hin bis Pranburi, von dort mit **Songthaeo**.

PHUKET UND DER SÜDEN

Kleine Inspiration

- **An Phukets Kap der Götter** den feuerroten Sonnenuntergang bestaunen › S. 96
- **Im Khao Sok National Park** hoch oben in einem Baumhaus schlafen › S. 101
- **Den Ausblick über Ko Phi Phi Don** mit seinen weißen Strandbuchten genießen › S. 104
- **Sich auf Ko Samui** in einem First Class Spa verwöhnen lassen › S. 107

Phuket und der Süden

Karte S. 92, 95, 107 — Tour 3–6

Phuket an der Andamanenküste ist ein Paradies für Strandurlauber, Wassersportler und Nachtschwärmer. Ko Samui bietet Postkartenstrände, und auf Ko Phangan machen Rucksacktouristen die Nacht zum Tag.

Die einstige Dschungelinsel **Phuket** ist das beliebteste Ziel sonnenhungriger Europäer an der Andamanenküste. An der Westküste liegen die populärsten Hotelstrände Patong, Karon und Kata. An den schönen Strandbuchten im Norden siedeln sich immer mehr Traumresorts an. Landeinwärts findet man Kautschukplantagen und Regenwälder. Mit seiner sino-portugiesischen Architektur ist Phuket Town unbedingt einen Ausflug wert, und vom Sonnenuntergang am »Kap der Götter« träumt man noch jahrelang.

Mit ihren dschungelbewachsenen Kalksteinriesen zog die **Phang Nga Bay** schon Hollywood in ihren Bann. Auf den Phi-Phi-Inseln können Sie wie Leonardo di Caprio nach dem »perfekten Strand« suchen. Der versteckt sich aber vielleicht auch in der einzigartigen Karstfelslandschaft bei **Krabi**. Weiter südlich verspricht **Ko Lanta** entspannte Urlaubstage an herrlichen Stränden. Nördlich von Phuket fasziniert die Andamanenküste mit Urwaldstränden um **Khao Lak**, Ausflügen zu den Tauchparadiesen der **Similan** und **Surin Islands**, Trekking- und Kanutouren durch die Urwälder des **Khao Sok National Park**.

Nur zwei Stunden Autofahrt sind es von der Phang Nga Bay an die Ostküste. Im südlichen Golf von Thailand sind drei Inseln touristisch erschlossen: Die »Kokosinsel« **Ko Samui** erfüllt Urlauberwünsche vom Whirlpool bis zur Hängematte. Das wildromantische **Ko Phangan** lockt Abenteurer und Partyfreaks. Das winzige **Ko Tao** verzückt Taucher mit prächtigen Korallenriffen.

Oben: Blick auf die Inselhauptstadt Phuket Town
Links: Filmreife Strandbucht auf Phi Phi Le

Phuket und der Süden — Tour 3: Kreuz und quer über Phuket

 Karte S. 95

Touren in der Region

Kreuz und quer über Phuket

Route: Phuket Town › Bang-Pae-Wasserfall › Ao Po › Sirinat National Park › Nai Yang Beach › Thalang › Khao Phra Taeo National Park › Surin Beach › Kamala › Patong › Phuket Town

Karte: Seite 95
Dauer und Länge: 1 Tag, ca. 120 km
Praktische Hinweise:
- Karte › S. 84. Am besten nehmen Sie einen Mietwagen.
- Vorsicht: Unfälle alkoholisierter Motorradfahrer sind auf Phukets hügeligen Straßen häufig.

Einer der Traumstrände auf Phuket

Tour-Start:

Frühmorgens taucht die Sonne die sino-portugiesischen Häuser von **Phuket Town** ❶ › S. 95 in ein klares Fotolicht. Beim Thalang National Museum zweigt die Straße 4027 rechts ab. Folgen Sie dem Wegweiser zum Bang-Pae-Wasserfall, der im Regenwald plätschert. Zurück auf der Hauptstraße starten im Dörfchen Bang Rong Longtail-Boote für Ausflüge in die Bucht von Phang Nga. Fahren Sie auf einer der kleinen Nebenstraßen weiter nach Ao Po. Von dort setzen Longtails in 20 Minuten zur Pearl Farm auf Ko Nakha Noi über. Auf der Insel gibt es auch einen schönen Sandstrand. Wieder zurück in Ao Po fahren Sie über Bang Rong auf der 4027 ins Dorf Muang Mai. Ab hier folgen Sie dem Highway 402 zum einsamen **Mai Khao Beach** ❻ › S. 96, der Teil des Sirinat National Park ist. Danach wenden Sie sich wieder gen Süden und genießen einen Badestopp am Nai Yang Beach › S. 95. Durch Reisfelder und Gummibaumplantagen geht es weiter zum Nai Thon Beach und anschließend durch eine sanfte, grüne Hügellandschaft nach Thalang. Dort können Sie die schönen buddhistischen Tempel Wat Phra Nang Sang und den **Wat Phra Thong** (etwas nördlich) ❼ › S. 96 besichtigen und anschließend die Zufahrtsstraße zum östlich gelegenen **Khao Phra Taeo National Park** ❽ › S. 96 mit dem Gibbon Research Center nehmen.

Karte		**Phuket**
S. 92	Tour 4: Nördliche Andamanenküste	**und der Süden**

Die kleine Wanderung zum Ton-Sai-Wasserfall wird mit einem erfrischenden Bad belohnt. Von Thalang geht es auf der Straße 4030 nach Süden, vorbei an zahlreichen Obstplantagen. Am Strand von **Surin** F › S. 95 lockt das türkisfarbene Meer zum Sprung ins Wasser. Über Kamala fahren Sie zum **Patong Beach** A › S. 94. Von dort führt die Straße 4029 quer über die Insel zurück nach Phuket Town.

 Nördliche Andamanenküste für Seenomaden

Route: Phuket › Khao Lak › Similan Islands › Khao Sok National Park › Phang Nga Bay › Krabi

Karte: Seite 92
Dauer und Länge: 5 Tage, ca. 400 km Autofahrt
Praktische Hinweise:
- Alle Etappenziele sind mit (Mini-)Bussen zu erreichen. Bequemer ist ein Mietwagen.
- In Khao Lak und Phang Nga großes Angebot an Ausflugsbooten.

Tour-Start:
Den Highway 4 von **Phuket** 1 › S. 94 nach **Khao Lak** 2 (ca. 90 km von Patong) › S. 100 säumen wilde Strände zur Linken, Regenwälder mit kühlen Wasserfällen zur Rechten. Genießen Sie den Sonnenuntergang an einem der Strände von Khao Lak › S. 100. Es gibt zahlreiche Unterkünfte, in denen man übernachten kann. Am Morgen des 2. Tages finden auch Kurzentschlossene Platz auf einem der Speedboote, die vom Thap Lamu Pier bei Khao Lak zu den **Similan Islands** 3 › S. 101 übersetzen. Erst gegen Abend geht es zurück nach Khao Lak und am 3. Tag weiter auf dem Highway 4 Richtung Norden. Gönnen Sie sich ein Bad am schönen Bang Sak Beach oder eine Wanderung zu den Wasserfällen im Lam Ru National Park. Nach weiteren 45 km Autofahrt erreicht man dann die Provinzstadt Takua Pa. Von hier sind es auf der Straße 401 noch etwa 50 km bis zur sattgrünen Dschungellandschaft des **Khao Sok National Park** 5 › S. 101, einem Paradies für Wanderer und Kanufahrer. Sie können dort sogar im Baumhaus übernachten. Am 4. Tag fahren Sie auf der Straße 415 nach Phang Nga (ca. 120 km). Am späteren Nachmittag können Sie mit einem Longtail-Boot in den unbeschreiblichen Sonnenuntergang der **Phang Nga Bay** 6 › S. 102 hineinfahren. Wenn Sie die Nacht in einer der kleinen Unterkünfte des Ortes verbringen, können Sie im frühen Morgenlicht noch einmal die Märchenwelt der Bucht erleben, wenn das spiegelglatte Wasser kristallblau leuchtet und die Karstkegel in intensivem Grün erstrahlen. Verbummeln Sie die Zeit bis zum Nachmittag, denn auch die Fahrt durch die Karstlandschaft nach **Krabi** 7 (ca. 80 km) › S. 102 ist im späten Sonnenlicht einfach nur traumhaft.

Phuket und der Süden Tour 4 | 5

Touren im Süden

Tour 4

Nördliche Andamanenküste für Seenomaden
Phuket › Khao Lak › Similan Islands › Khao Sok National Park › Phang Nga Bay › Krabi

Tour 5

Inselhüpfen an der südlichen Andamanenküste
Krabi › Ko Phi Phi Don › Ko Phi Phi Le › Ko Lanta › Krabi

Karte
S. 92, 95, 107

Tour 5 | 6

**Phuket
und der Süden**

Tour 5 — Inselhüpfen an der südlichen Andamanenküste

Route: Krabi › Ko Phi Phi Don › Ko Phi Phi Le › Ko Lanta › Krabi

Karte: Seite 92
Dauer: mind. 5 Tage
Praktische Hinweise:
- Transport mit Schnellbooten und Longtails, Rückfahrt mit Bus.

Tour-Start:

Von **Krabi** 7 › S. 102 fährt um 9 Uhr das erste Schnellboot in zwei Stunden nach **Ko Phi Phi** 8 › S. 104. Verbringen Sie den Tag an einem der ruhigeren Strände an der Ostküste und genießen Sie den fantastischen Blick vom Aussichtspunkt über die Landenge im Licht der Abendsonne. Am nächsten Morgen mieten Sie sich bei Sonnenaufgang ein Longtail und genießen die noch herrschende Ruhe in der herrlichen Maya Bay der Schwesterinsel Ko Phi Phi Le. Um und um 13 Uhr setzt ein Expressboot von Phi Phi in 1½ Std. nach **Ko Lanta** 9 (Saladan) › S. 104 über. Genießen Sie Strandfreuden am Klong Dao und Long Beach, buchen Sie im Ko Lanta Dive Center einen Tauchausflug und schwimmen Sie durch eine smaragdgrün leuchtende Höhle. Drei Tage auf Lanta sollten es schon sein. Von hier sind es mit dem Bus 2 Std. zurück nach Krabi.

Tour 6 — Rund um Ko Samui

Route: Big Buddha Beach › Chaweng Beach › Lamai Beach › Ban Hua Thanon › Wat Khunaram › Laem Sor Chedi › Nathon › Maenam Beach › Bophut Beach › Big Buddha Beach

Karte: Seite 107
Dauer: 1 Tag, reine Fahrtzeit ca. 2½ Std.
Praktische Hinweise:
- Vorsicht, auf den Bergstrecken kommt es zu vielen Unfällen mit Motorrädern.
- Ein Mietwagen ist sicherer.
- Am billigsten kommen Sie mit den Songthaeos voran, die tagsüber auf der ca. 52 km langen Ringstraße verkehren, überall angehalten werden können und auf Wunsch Abstecher machen.

Tour-Start:

Starten Sie frühmorgens am Big Buddha Beach › S. 106, um die noch kühlen Stufen zum Big Buddha emporzusteigen und die herrliche Aussicht zu genießen. Danach geht es durchs Inselinnere zum Chaweng Beach › S. 106: Zeit für ein Bad am weißen Sandstrand in der warmen Morgensonne! Dann fahren Sie weiter in Richtung Lamai Beach mit herrlichem Fernblick. Am Südende des Lamai Beach › S. 106 geben die Felsen Hin Ta und Hin Yai ein schönes Fotomotiv im besten Licht ab. Beim verschlafenen Fischerort Ban

Hua Thanon lohnt ein Abstecher inseleinwärts zu mehreren Wasserfällen (nur Allradantrieb!). Auf dem Rückweg zur Küste machen Sie Halt am buddhistischen **Wat Khunaram** › **S. 106** mit einem sonnenbebrillten mumifizierten Mönch.

An der Küste locken die Marktstände des Fischerdorfs Ban Nakhai mit Thaikost. Die einsame kleine Pagode Laem Sor Chedi am gleichnamigen Kap, der Südspitze der Insel, gehört zum gegenüberliegenden Wat. Von hier führen einige Stufen hinunter zu einem winzigen, fast immer einsamen Strand. Nun geht es auf der Ring Road wieder Richtung Norden. Im Dorf Ban Thong Krut verkauft der Naga Pearl Shop schöne Zuchtperlen. Kurz vor Nathon, dem Inselhafen, plätschert abseits der Ringstraße der Wasserfall Hin Lat. Über die Strände der Nordküste Maenam Beach › **S. 106** und Bophut Beach › **S. 106** geht es zurück zum großen Buddha.

An der Andamanenküste

Phuket 1 [A11]

Kautschukplantagen, steile Klippen, dichter Urwald, weite Buchten mit herrlichen Stränden an der kristallklaren Andamanensee – die größte Insel Thailands ist ein Touristenmagnet mit Nobelunterkünften und phänomenalem Sportangebot.

Die Strände
Patong A
An Phukets wohl bekanntestem Strand in einer weiten, sichelförmigen Bucht mit sanftem Gefälle wartet ein breites Angebot an Wassersport, Hotels, Restaurants und Geschäften. Hier konzentriert sich auch das Nachtleben. Leider verläuft die Straße zwischen dem Strand und den meisten Hotels.

Karon Beach B
Sanfter geschwungen als Patong, aber schmaler und optisch ein wenig karger ist der touristisch zweitwichtigste Strand. Hier kann man ebenfalls Wassersport treiben und sich nächtens amüsieren, der Rummel ist aber nicht so groß. Auch hier trennt die Straße Hotels und Strand.

Kata Beach C
Der malerische Strand säumt eine von Hügeln umrahmte Bucht und wird durch ein Kliff in den größeren Kata Yai und den kleineren Kata Noi geteilt. ❗ Zwischen Kata und Chalong bietet die größte Buddhastatue der Welt eine fabelhafte Aussicht.

Nai Harn Beach D
Lang, geschwungen und dank eines Klosters wenig erschlossen präsentiert sich der idyllische Strand am Südwestzipfel der Insel, der bisher fast ausschließlich den Gästen des exklusiven **Royal Meridien Phuket Yacht Club Hotels** (www.phuket.com/yacht-club) vorbehalten ist.

Kamala Beach E

Der kleine, hübsche und ebenfalls sehr ruhige Strand nördlich von Patong hat einen breiten flachen Sandstrand, der zum Schwimmen weniger geeignet ist. Im freundlichen Dorf Kamala leben vorwiegend Muslime. Außer direkt am Strand empfiehlt es sich daher, dezente Kleidung zu tragen.

Surin Beach F

Der ruhige und breite Strand wird im Wesentlichen von zwei Hotels der sehr gehobenen Kategorie belegt. Es hat allerdings auch einen guten Grund, dass hier nicht mehr los ist: Starkes Gefälle und Unterwasserströmungen können den Schwimmern überaus gefährlich werden.

Tour auf Phuket

Tour 3

Kreuz und quer über Phuket › S. 90

Phuket Town › Bang-Pae-Wasserfall › Ao Po › Sirinat National Park › Nai Yang Beach › Thalang › Khao Phra Taeo National Park › Surin Beach › Kamala › Patong › Phuket Town

- A Patong
- B Karon Beach
- C Kata Beach
- D Nai Harn Beach
- E Kamala Beach
- F Surin Beach
- G Bang Tao Beach
- H Sirinat National Park
- I Phuket Town
- J Laem Phromthep
- K Khao Phra Taeo National Park
- L Wat Phra Thong
- M Phuket FantaSea

Bang Tao Beach ❻

Die Bucht ist ein Paradeprojekt der thailändischen Tourismusindustrie. Ein riesiges Zinnminenareal wurde quasi renaturiert und für fünf ausgedehnte Luxusresorts sowie einen Golfplatz rund um eine stille Lagune völlig neu erschlossen.

Sirinat National Park ❼

Phukets mit 12 km längster Strand, der **Mai Khao Beach,** sowie Teile des kleinen **Nai Yang Beach** im Nordwesten der Insel mit wunderschönen Kautschukwäldern im Hinterland stehen unter Naturschutz. Hier legen zwischen November und Februar Seeschildkröten ihre Eier ab.

Phuket Town ❶

Die lebendige Inselhauptstadt (75 000 Einw.) lohnt einen Besuch. Im Zentrum lockt ein farbenfroher Markt, und die bezaubernde sino-portugiesische Zuckerbäckerarchitektur aus dem 19. Jh. ist mehr als ein Foto wert. Südwestlich der Stadt liegt **Wat Chalong,** in dem die Statu-

> **SEITENBLICK**
>
> #### Vegetarierfest
>
> Ein wahrlich wildes Fest bildet zum Beginn der taoistischen Fastenzeit Ende September/Anfang Oktober den Höhepunkt des Jahres. Im Mittelpunkt der neuntägigen Feiern stehen von chinesischen Geistern besessene Medien, die sich im Trancezustand Zungen und Wangen durchbohren, über glühende Kohlen laufen und sich allerlei ähnliche Kasteiungen zufügen.

en von Mönchen verehrt werden, die sich unter Rama V. besonders verdient gemacht haben.

Laem Phromthep ❿

Das Kap der Götter an der Südwestspitze bietet einen herrlichen Postkartenblick über die Buchten und Strände, bietet aber bei Sonnenuntergang kaum noch Platz für die Massen der Fotografierwütigen.

Khao Phra Taeo National Park ⓚ ⭐5

Phukets letzter Regenwald lädt im Norden der Insel zu Wanderungen ein. In der Nähe des Bang-Pae-Wasserfalls bemüht sich das **Gibbon Research Center** (www.gibbonproject.org) mit großer Geduld, halbzahme Weißhandgibbons auf ein freies Leben im Dschungel vorzubereiten.

Wat Phra Thong ⓛ

Westlich des Naturschutzgebietes gibt in diesem Tempel eine Buddhastatue Rätsel auf. Bis auf den mit Blattgold übersäten Kopf und die Schultern ist der Erleuchtete im Boden vergraben. Alle Versuche, die Statue freizulegen, scheiterten offenbar an ihren magischen Kräften.

Phuket FantaSea ⓜ

Das Kulturspektakel nahe Kamala kann es mit Las-Vegas-Shows aufnehmen! Gebucht werden kann überall auf Phuket, online unter www.phuket-fantasea.com (Eintritt 1800 Baht, mit Dinner 2200 Baht. Geöffnet tgl. außer Do 17.30–23.30 Uhr).

Phuket **Andamanenküste**

Info
Tourism Authority of Thailand (TAT)
Gute Gratisbroschüre What's on Phuket. Infos auch online unter www.phuket.com.
- 63 Thanon Thalang
  Tel. 0 7621 2213
  www.tourismthailand.org

Anreise
- **Flugzeug:** Phuket International Airport, 28 km nördlich von Phuket Town. Transfer zu den Stränden mit Coupon-Taxis; die Preise (pro Wagen!) liegen in der Ankunftshalle aus. Blaugelbes Taxi mit Taxameter vom Flughafen nach Phuket Town ca. 700 Baht, Patong ca. 800 Baht, Khao Lak (1 Std.) ca. 1800 Baht.
- **Bus:** zwischen Phuket Bus Terminal (Tel. 0 7621 1480) im Osten von Phuket Town und Bangkok (10–14 Std.), Krabi (3 Std.), Phang Nga (1½ Std.) und Suratthani (4 Std., dort Fähre nach Ko Samui).

Hotels
Impiana Phuket Cabana €€€
Tolle Lage mitten in Patong und direkt am Strand. Thai-Kunst im Foyer, erstklassige Fusionsküche im Restaurant Sala Bua. Schöner Pool, renommiertes Tauchzentrum und Spa.
- 41 Taweewongse Rd. | Patong
  Tel. 0 7634 0138 | www.impiana.com

Layalina Hotel €€€
Boutique-Hotel in modernem Thai-Schick. Am schönsten sind die zweistöckigen Suiten mit Dachterrasse. Pärchentaugliche Jacuzzis in den Zimmern.
- Kamala Beach | Tel. 0 7638 5944
  www.layalinahotel.com

Traumlage: Mom Tri's Boathouse

Millennium Resort Patong €€€
Mit der Jungceylon Shopping Mall verbundenes Luxusresort. Die Cabana Rooms haben eine Privatterrasse mit großem Jacuzzi und direkten Zugang zum Pool auf dem Dach.
- 199, Rat-Uthit 200 Pee Rd. | Patong
  Tel. 0 7660 1999
  www.millenniumhotels.com

Mövenpick Resort and Spa €€€
Weißes Hotel mit tollem Design, riesigem Pool und Spa. Zimmer mit Panoramafenstern, einige Villen mit Privatpool.
- Karon Beach | Tel. 0 7639 6139
  www.moevenpickhotels.com

Mom Tri's Boathouse €€€
Kleines Luxushotel in Traumlage am Strandende. Viele Zimmer mit super Meerblick. Das Restaurant Boathouse Wine & Grill serviert französische und Thai-Küche. Spektakuläre Weinkarte.
- Kata Beach | Tel. 0 7633 0015-7
  www.boathousephuket.com

Trisara €€€
Abgeschiedene Teak-Villen mit Blick auf den Ozean, Infinity-Pools und himm-

Romantisches Baan Rim Pa

lischen Betten. Erstklassige Küche, tolle Bar, edles Spa. Und jede Menge Privatsphäre.
- Nai Thon Beach | Tel. 0 7631 0100
  www.trisara.com

Andaman Bangtao Bay Resort €€–€€€
Relaxte Anlage am ruhigen Ende des Strands. Die schönen Thai-Bungalows haben fast alle Meerblick. Seafoodrestaurant und Cocktailbar.
- Bang Tao Beach | Tel. 0 7627 0246
  www.andamanbangtaobayresort.com

Baipho & Baithong €€
Mystisches Zen-Buddha-Design und viele Annehmlichkeiten für die Preisklasse. Gute italienische und Thai-Küche. Pool im Montana Grand Phuket nebenan.
- Patong | Tel. 0 7629 2074
  www.baipho.com

Palmview Resort €–€€
Freundliches Hotel unter deutscher Leitung mit komfortablen Zimmern, nettem Restaurant und kleinem sauberen Pool.
- Patong | Tel. 0 7634 4837
  www.palmview-resort.com

Chinotel €
Hotel im Zentrum mit komfortablen, geschmackvoll dekorierten Zimmern inklusive TV und Bad mit Warmwasser.
- 133–135 Ranong Rd | Phuket Town
  Tel. 0 7621 4455
  www.chinotelphuket.com

Little Buddha Guest House €
Charmante Unterkunft nahe Strand und Jungceylon Mall. Blitzsaubere Zimmer mit netten Bädern ab 500 Baht.
- 74/31 Nanai Rd. | Patong
  Tel. 0 7629 6148
  www.phuketdir.com/littlebuddhaguest

Restaurants
Acqua Restaurant €€€
Kreative Küche eines italienischen Küchenchefs in sehr romantischem Ambiente. Vorzügliche Weinkarte
- Kelim Bay | Tel 0 7661 8127
  www.acquarestaurantphuket.com

Baan Rim Pa €€€
Thai-Restaurant ❗ in toller Lage über den Klippen. Sehr lecker ist die scharfe Gemüsesuppe mit Shrimps. Noble Weinkarte, dazu Live-Jazz.
- 223 Prabaramee Rd | Tel. 0 7634 0789
  www.baanrimpa.com

Da Maurizio €€€
Leckere Pasta, Phuket-Lobster und schwarze Krabben aus Phang Nga, eindrucksvolle Weinkarte.
- 223/2 Prabaramee Rd, neben Baan Rim Pa | Tel. 0 7634 4079
  www.damaurizio.com

Le Versace €€€
Traumblick über die Bucht und die beste französische Küche von Patong. Wun-

Karte S. 95

Phuket **Andamanenküste**

derbares Lammkarree, butterweiche Wagyu-Steaks (Di geschl.).
- 206/5–6 Prabaramee Rd.
  Patong Beach | Tel. 0 7634 6005
  www.leversace.com

Kaab Gluay €€
Wirklich gute und dabei recht preiswerte authentische Thaigerichte, auch frisches Seafood. Viele einheimische Familien. Klimatisierter Bereich und offene Terrasse.
- 58/3 Prabaramee Rd. | Patong
  Tel. 0 7634 0562

The Horn Grill €€
Gutes Steakhaus mit guter Weinkarte.
- 2/37 Kata Plaza | Kata Beach
  Tel. 0 7628 5173
  www.horngrillsteakhouse.com

The 9th Floor Restaurant & Bar €€
Open-Air-Dachterrasse in Retrodesign, toller Ausblick, internationale Küche.
- Sky Inn Condotel | Patong Beach
  Tel. 0 7634 4311
  www.the9thfloor.com

Phuket Towns **Marktstände,** Kreuzung von Tilok Uthit 2 und Ong Sim Rd., bieten leckere Thaigerichte für rund 1 € an.

Shopping

Nur 10 Min. zu Fuß sind es vom Patong Beach zur Luxusmall **Jungceylon** (www.jungceylon.com). Phuket Town lockt mit dem Einkaufszentrum **Central Festival Phuket** (www.central.co.th) und den wunderschönen Seidenstoffen von **Ban Boran Textiles,** 51 Yaowarat Rd. An der Nordwestküste findet man nahe Surin Beach Antiquitätenläden und Galerien.

Nightlife

- Klassiker sind die Transvestitenshows des **Simon Cabaret** (Tel. 0 7634 2011) sowie die **Banana Disco** in der Thawiwong Rd., die etwas weniger anrüchig wirkt als die Go-Go-Bars in der Soi Bangla. Besonders beliebt ist der **Club Tiger Patong** (Bangla Rd., www.tigergrouppatong.com), seriöser die **Seduction Discotheque** (www.seductiondiscotheque.com). Musikalischer Hotspot ist der **Red Hot Club** (86 Bangla Road), in dem oft Live-Rockmusik gespielt wird.
- **Karon:** Man trifft sich in dem Irish Pub Angus O'Tooles (www.otools-phuket.com) und der Bar Las Margaritas (www.las-margaritas.net).
- **Kata:** toller Sonnenuntergang von der Terrasse der After Beach Bar.
- **Phuket Town:** Das Timber Hut (118/1 Yaowarat Rd., Tel. 0 7621 1839) ist die wildeste Party-Location.

Aktivitäten

- **Santana** in Patong (www. santana phuket.com) ist ein erfahrener deutscher Veranstalter von Tauchausflügen.
- **The Junk** in Kata (www.thejunk.com) bietet Segel- und Tauchexkursionen mit einer alten Luxusdschunke.
- **Phuket International Horse Club**, Ausritte am Strand von Bang Tao und Elefantentouren durch kühle Wälder (www.phukethorseclub.com).
- **Blue Canyon Country Club**, Golfplatz in Thalang mit zwei preisgekrönten 18-Loch-Greens (www.phuket golfcourse.com).
- **Sea Canoe** in Phuket Town (www.seacanoe.net), organisiert Paddeltouren durch die Phang Nga Bay.

Andamanenküste Khao Lak

Khao Lak 2 [A10]

Auf dem Festland mündet rund 80 km nördlich von Phuket der kleine urwaldbedeckte Khao Lak National Park in **kilometerlange Strände,** allen voran Nang Thong, Bang Niang und Khuk Khak, die bei deutschsprachigen Familien und Tauchern hoch im Kurs stehen. Ein schönes Ziel für einen Tagesausflug mit Elefantenreiten, Bambusfloßfahrt, Bad im Wasserfall und Aufenthalt an einem verlassenen Strand ist der **Asia Safari Park** oberhalb des Khao Lak Beach (www.holiday-service-khaolak.com).

Info
Gute Infos und Buchungsservice: www.khaolak.de

Anreise
- **Flughafen von Phuket** etwa 1 Std. von Khao Lak. **Airport-Taxi** ca. 1800 Baht; Minibusse 600 Baht.

Hotels
Aleenta Phang-Nga €€€
Boutique-Resort an Sandstrand, einige Villen mit Privatpool. Raffinierte Thai-Küche. Spa mit Detox-Programm.
- Natai (Pilai) Beach
  Tel. 0 2514 8112
  www.aleenta.com/phuket

Khao Lak Paradise Resort €€€
Zu den toll eingerichteten Unterkünften am schönen Strand geht es von der Lobby über einen Steg durch den Urwald. Bungalows z.T. mit Meerblick. Schöner tropischer Garten, Restaurant und Bar am Meer.
- Nang Thong Beach
  Tel. 0 7642 9100
  www.khaolakparadise.com

Pullman Khao Lak Katiliya Resort & Spa €€€
Luxusanlage an langem Strandabschnitt mit traumhaft weißem Sand. Kinderfreundlicher großer Pool, schönes Spa.
- Pak Weep Beach | Tel. 0 7642 7500
  www.pullmanhotels.com

The Sarojin €€€
Zweistöckige Villen mit Terrasse in japanisch inspirierter Gartenanlage an weißem Strand. Spa und Infinity-Pool. Privates Speedboat zu den Similans, Elefantentrekking durch die Regenwälder der Nationalparks.
- Khuk Khak Beach | Tel. 0 7642 7900
  www.sarojin.com

Ban Sainai Resort €€
Romatische und komfortable Gartenbungalows. Großer Pool mit fantastischem Blick auf die Karstformationen.
- Ao Nang Beach | Tel. 0 7581 9333
  www.bansainairesort.com

Nangthong Beach Resort €€
Günstig, in bester Strandlage, mit Pool und Restaurant. Besonders schön sind die Bungalows.
- Nang Thong Beach | Tel. 0 7648 5088
  www.nangthong.com

Restaurants
Joe's Steakhouse €€
In dem von Joe in eigener Handarbeit wieder aufgebauten Restaurant wird deutsch gesprochen. Leckere Steaks in angenehmer Atmosphäre.
- Bang Niang Beach

Karte S. 92

Similian und Surin Islands **Andamanenküste**

Urwald-Feeling im Khao Sok National Park

Smile Khaolak €
Vorzügliche Thaigerichte und asiatische Fusionsküche mit französischem Pfiff.
- Khuk Khak | Tel. 08 3391 2600
  www.smilekhaolak.com

Shopping
Das **Tsunami Craft Centre** am Bang Niang Beach offeriert handgewebte Kleidung und Souvenirs. Inzwischen gibt es auch kleine Nachtmärkte.

Similan Islands 3 ⭐ [A10] und Surin Islands 4 [A9]

Die vor Khao Lak gelegenen **Similan Islands** begeistern mit tropischem Regenwald, schneeweißen Stränden mit runden Granitfelsen und dem in allen Blautönen schimmernden Meer. Traumhafte Unterwasserreviere mit bunten Korallen, Walhaien und Mantas bieten sich hier ebenso wie rund um die weiter nördlich gelegenen **Surin Islands**. Speedboote benötigen eine gute Stunde für die Überfahrt von Khao Lak. Taucher sind auf Live-Aboard-Tauchschiffe angewiesen, da die Inseln keine Kompressoren haben. Zu empfehlen sind Medsye Travel & Tours (www.similanthailand.com), für Schnorcheltouren auch Poseidon (www.similantour.com). Die Inselgruppen sind Nationalparks, Unterkunft in Bungalows der Parkverwaltung (Buchung unter www.thaiforestbooking.com).

Khao Sok National Park 5 [A10]

In den hügeligen Regenwäldern leben Makaken, Warane, Adler, Tapire und Nashornvögel. Wer diese Tiere tatsächlich sehen will, braucht einen kundigen Guide. Der Nationalpark bietet auch Höhlen, Kalksteinfelsen, Wasserfälle und schöne

Andamanenküste Phang Nga Bay, Krabi

Spektakuläre Landschaft in der
Phang Nga Bay

Bootsfahrten. Hier wächst die Rafflesia, der Welt größte Blume. Infos zum Park unter www.khaosok.com.

Hotels

Khao Sok Riverside Cottage €€
Geräumige Bungalows mit Panoramafenstern und Blick auf den Dschungelgarten. Restaurant direkt am Fluss.
- Tel. 0 7739 5159
  www.khaosok.net

Nature Resort €–€€
Anlage mitten in der Natur mit Baumhäusern und Bungalows.
- Tel. 0 8612 00588
  www.khaosoknatureresort.com

Phang Nga Bay 6 [A10]

Die Küstenprovinz ist weltberühmt für ihre fantastischen Höhlen und Kalksteinfelsen, die teils Hunderte von Metern aus dem Meer ragen. Tagestouren werden von allen Veranstaltern Phukets angeboten. Das Dröhnen der Motorboote rund um die »James-Bond-Insel« **Ko Phing Kan** sowie die Felseninsel **Ko Panyi** mit ihrem muslimischen Fischerdorf auf Stelzen ist mitunter ohrenbetäubend. Teurer, aber um einiges interessanter und ökologisch auch wesentlich akzeptabler sind Ausflüge mit gecharterten Segeljachten. Auf Kanutouren lernt man die stille, berauschende Lagunenwelt der sogenannten *hongs* kennen: Hohlräume innerhalb der Karstberge. Ein erfahrener Veranstalter für Kanutouren ist John Gray's Sea Canoe in Phuket (Tel. 0 7625 4505-7, www.johngray-seacanoe.com).

Krabi 7 [B10]

Das beliebte Reiseziel umfasst eine Reihe kleinerer, unterschiedlicher Strände in der wildromantischen Bucht von Phang Nga. In **Krabi Town** findet man gute Gastronomie, preiswerte Hotels und Gästehäuser sowie ein munteres Nachtleben. Per Sammeltaxi oder Boot geht es zu den Stränden.

Versäumen Sie nicht den Ausflug zum **Tempel der Tigerhöhle** (Wat Tham Sua), einem Waldkloster in gruselig-schöner Grottenlage. 1200 Stufen führen hinauf zum Fußabdruck Buddhas und zu einem hinreißenden Blick über Krabis Felsenlandschaft.

Der ruhige, 2 km lange Strand von **Nopparat Thara**, 20 km im Norden, gehört zu einem Nationalpark und ist bei einheimischen Wochenendausflüglern beliebt. Gleich südlich ist der voll erschlossene **Ao Nang Beach** fest in der Hand europäischer Pauschaltouristen. Noch weiter südlich, und wegen der um-

Karte
S. 92

Ko Phi Phi **Andamanenküste**

liegenden Klippen nur mit dem Boot ab Krabi oder Ao Nang zu erreichen, liegen die Strände **Rai Leh** und **Phra Nang** – mit weißem Pudersand, umgeben von hohen Sandsteinfelsen, die ein Eldorado der Kletterer sind (Infos: www.railayadventure.com, www.railay.com). **50 Dinge** ⑩ › S. 13.

Info
Tourism Authority of Thailand (TAT)
- Uttarakit Rd. | Krabi Town
Tel. 0 7562 2164

Anreise
- **Flugzeug:** tgl. von/nach Bangkok
- **Bus:** vom International Airport Phuket (2–3 Std.), Phang Nga (2 Std.), Suratthani (2–3 Std.).
- **Schiff:** Phuket (2 Std.), Ko Phi Phi (1½ Std.) und Ko Lanta (1½ Std.)

Hotels
Railei Beach Club €€€
Ferienbungalows von elegant bis rustikal aus Holz direkt am Traumstrand.
- Rai Leh Beach | Tel. 0 8668 59359
www.raileibeachclub.com

Rayavadee Villas €€€
❗ Luxuriöse Pavillons in absoluter Traumlage am Strand. Mehrere Restaurants, tolle Massagen und heiße Kräuterkompressen im Spa, großer Pool.
- Rai Leh Beach und Phra Nang Beach
Tel. 0 7562 0740
www.rayavadee.com

Krabi River Hotel €€
Freundliches Hotel am Krabi River. Klimatisierte, komfortable Zimmer mit heißer Dusche, manche auch mit Balkon.

- 7311 Khongkha Rd. | Krabi Town
Tel. 0 7561 2321
www.krabiriverhotel.com

Lai Thai Resort €€
Anlage mit hübschen Thai-Häusern und Pool zu Füßen der Kalksteinfelsen, etwas abseits vom Strand.
- Ao Nang Beach | Tel. 0 7569 5091
www.laithai-resort.com

Restaurants
Anchalee €–€€
❗ Himmlische thailändische Küche. Hübscher Garten. **50 Dinge** ⑱ › S. 14.
- 315/5 Maharat Rd.
Krabi Town
Tel. 0 7563 1797

The Last Café €
Klassiker am südlichen Ende der Strandstraße: selbst gebackenes Brot und Kuchen, gute westliche und Thai-Snacks.
- Ao Nang Beach

Tauchen
Aqua Vision Dive Centre
Erfahrenes Tauchzentrum mit Schule, das auch Tauchgänge zu Walhaien und Mantas anbietet.
- Ao Nang Beach | Tel. 08 6944 4068
www.aqua-vision.net

Ko Phi Phi ⑧ [A11]

Seinen Ruhm verdankte **Phi Phi Don,** die größere der beiden Inseln, seinen beiden sichelförmigen Stränden, die Rücken an Rücken liegen und nur durch den schmalen Streifen eines Kokoshaines getrennt werden. Nach den verheerenden Schäden des Tsunami von 2004 ist die

Andamanenküste Ko Phi Phi, Ko Lanta

Karte S. 92

halbmondförmige Ton Sai Bay wieder fast nahtlos bebaut. Wer zum ersten Mal den Blick vom Aussichtspunkt hoch über der Ton Sai Bay und Lo Dalam Bay genießt, wird trotzdem ! überwältigt von der grün überwucherten Kalksteinlandschaft, den weißen Strandbuchten und der türkisfarbenen See. An den Stränden der lang gestreckten Ostseite der Insel stehen noch wenige Bungalowanlagen, und wer sich mit einem Boot die Küste entlangschippern lässt, findet vielleicht sogar eine einsame Bucht.

Die smaragdgrüne Maya Bay der unbewohnten, schroffen Schwester **Phi Phi Le** war Kulisse für den Hollywoodfilm »The Beach« mit Leonardo Di Caprio. Heute wird die Bucht tagsüber von Ausflugsbooten belagert. Am besten chartert man gleich frühmorgens ein Longtail und nimmt ein Kajak mit. Taucher und Schnorchler zieht es zu den Korallengärten bei **Ko Bida Nok** und **Hin Bida** ganz im Süden.

Info
Viele Infos im Web: www.phi-phi.com

Anreise
- **Schiffe** zwischen Phi Phi und Phuket (ab 2 Std.), Krabi (ca. 2 Std.) und Ko Lanta (nur Hochsaison, ca. 2 Std.).

Hotels
Phi Phi Island Village Beach Resort €€€
Schöne Bungalows im Thai-Stil mit Strohdächern direkt am Loh Ba Gao Beach in einem Kokospalmenhain, z.T. mit fantastischem Meerblick. Bei Ebbe kann man nicht baden, dafür entschädigt ein großer Pool.
- Tel. 0 7562 8900
  www.phiphiislandvillage.com

Phi Phi Natural Resort €€–€€€
Komfortable, klimatisierte Bungalows an ruhigem Strand im Norden und einfachere Zimmer in einem Reihenhaus.
- Tel. 0 7581 8706-7
  www.phiphinatural.com

Ko Lanta 9 [B11]

Auf Lanta reizen nicht nur tolle und stille Strände, romantische Berge und Klippen sowie echter, dichter Urwald, sondern auch eine freundliche Bevölkerung muslimischer Fischer und Seenomaden. Von Norden nach Süden wird Lanta immer stiller und wilder. Der Fährhafen **Saladan** an der Nordspitze bietet Infrastruktur (Krankenhaus, Supermarkt, Tauchshops). In der Nähe findet man am **Klong Dao** und **Long Beach** die meisten Bungalowanlagen, schöne Strandrestaurants und

Bootsführer in der Maya Bay

Karte
S. 107

einige Bars. **Tham Morakot** (Emerald Cave) bei Ko Muk ist ein kleines Naturwunder: Durchschwimmt man die Höhle mit dem türkis leuchtenden Wasser, öffnet sich eine lichtdurchflutete Lagune.

Info
www.lantainfo.com, www.lanta.de

Anreise
- **Bus:** Minibusse von/nach Krabi (inkl. Fährüberfahrt)
- **Schiff:** Expressboote Nov.–April tgl. zwischen Krabi, Phi Phi und Lanta (ca. 2 Std.), Mai–Okt. je nach Wetterlage

Hotels
Pimalai Resort & Spa €€€
❗ Exquisites Wellnesshotel im Regenwald oberhalb eines privaten, weißen Strandabschnitts am Südwestzipfel von Ko Lanta, wunderschöner Infinity-Pool.
- Ba Kan Tiang Beach
  Tel. 0 7560 7999 | www.pimalai.com

Relax Bay €€–€€€
Pfahlhütten und Bungalows aus Holz, Palmwedeln und Bambus am Strand und am Hang unter Bäumen, tolle Aussicht. Yoga-, Massage-, Kochkurse.
- Pha Ae Beach (südlich von Long Beach) | Tel. 0 7568 4194
  www.relaxbay.com

The Narima Bungalow Resort €€
Hübsche Bungalows mit spektakulärem Blick auf Ko Ha, etwas felsige Küste. Gute Tauchschule. Warmherzige Besitzer.
- Klong Nin Beach | Tel. 0 7560 7700
  www.narima-lanta.com

Restaurants
An der Promenade des Klong Dao Beach südlich von Ban Saladan empfehlen sich **Bei Hans** (km 1,5) mit europäischer Kost oder das **Lanta Seahouse**, das frische Meeresfrüchte serviert. Als beliebtes Frühstückslokal hat sich **Otto's** am Ende der Strandpromenade etabliert.

Tauchen
Ko Lanta Dive Center
Ein erfahrenes Team führt in der Hochsaison (Nov.–April) das Tauchcenter.
50 Dinge ⑥ › S. 12.
- Saladan | Tel. 0 7566 8065
  www.kolantadivingcenter.com

Ko Samui und Ko Phangan

Ko Samui ⑩ [B9]

Die über 60 000 Einwohner der drittgrößten Insel Thailands leben von Fischfang und Kokosnussanbau, vor allem aber vom Fremdenverkehr. Das bergige Eiland, ca. 30 km vom Festland, liegt idyllisch in einer Gruppe von rund 80 meist unbewohnten Inseln. Eine gut ausgebaute Ringstraße führt um ganz Ko Samui, Sammeltaxis verbinden die Strände sowie ein Dutzend kleiner Ortschaften miteinander.

Auf Samui hat man unterhalb der Palmen und stets ein Stück vom Strand entfernt gebaut. Auch die Ringstraße verläuft etwas zurückversetzt hinter den Unterkünften, sodass fast alle Hotels direkten Zugang zum Strand bieten. Samui lohnt das ganze Jahr, von Oktober bis Dezember beschert der Nordostmonsun allerdings gelegentlich starke Regenfälle und heftigen Seegang, die Hochsaison fällt auf Januar, Februar, die zweite Julihälfte und August. Die schönsten Strände liegen an der Ostküste, hier kann die See zwischen Oktober und Januar allerdings gefährlich rau sein.

Chaweng Beach ⓝ ⭐

Mehrere sanft geschwungene, fast nahtlos ineinander übergehende Buchten mit feinem Sand, glasklarem Wasser und leichtem Gefälle zum Meer liefern auf 6 km ein Panorama vom Feinsten – entsprechend der Besucherstrom. Der Strand ist komplett von Hotels gesäumt. Am Nordende kann man in flachem Wasser schnorcheln.

Lamai Beach ⓞ

Südlich von Chaweng liegt der etwas kleinere Hat Lamai. Der Sand ist hier nicht ganz so fein und weiß, das Ufer ist stellenweise felsig, aber schön ist der Strand trotzdem. Im Zentrum der Bucht erstreckt sich eine Art Vergnügungsmeile mit etlichen Discos, Lokalen und Bars.

Strände der Nordküste

Fast die gesamte Nordküste Samuis wird von drei schönen Buchten eingenommen. Auf einer Klippe im äußersten Nordosten thront Samuis Wahrzeichen, eine riesige **Buddhastatue**. Der dortige Strand heißt deswegen **Big Buddha Beach** ⓟ (ist aber auch als Hat Bangrak bekannt). Nach Westen schließt sich der **Bophut Beach** ⓠ an, Samuis einziger Strand, an dem Touristen und Einheimische nicht strikt getrennt sind, allerdings verläuft die Straße hier zwischen Strand und Unterkünften. Noch weiter nach Westen erstreckt sich der steil abfallende **Maenam Beach** ⓡ. Alle drei Strände haben gröberen, gelblicheren Sand als die der Ostküste, bieten aber Ruhe.

Das Inselinnere

Abseits der Küste können Sie einen Ausflug zum Tempel **Wat Khunaram** ⓢ unternehmen, in dem man einen mumifizierten Mönch mit Sonnenbrille auf der Nase in einem Glassarg bestaunen kann. Von hier bieten sich Waldwanderungen an, z. B. zu den **Na-Muang-Wasserfällen**.

Info

Tourism Authority of Thailand (TAT)
Infos zu vielen Hotels unter www.samui.sawadee.com, zu Restaurants unter www.samuidiningguide.com
• Nathon | Tel. 0 7742 0504

Anreise

• **Flugzeug:** Flüge von Bangkok, Pattaya und Phuket. Vom Samui Airport (Tel. 0 7748 4897) Shuttleservice zu den größeren Hotels (ca. 200 Baht).
• **Schiff:** Tagsüber stdl. von Don Sak mit Autofähren Raja (www.rajaferryport.com) nach Ko Samui (1½ Std.) und Ko Phangan (2½ Std.). Katamarane von Lompraya (www.lomprayah.com/e) fahren von Chumphon über Ko Tao, Ko Phangan nach Ko Samui. Fähren von

Karte S. 107 — Ko Samui — **Ko Samui und Ko Phangan**

Seatran Discovery (www.seatrandiscovery.com) verkehren zwischen den Inseln.

Hotels

Anantara Resort and Spa €€€
Unprätentiöses Wellnessresort an der Nordküste. Mit lokalen Stoffen geschmackvoll dekorierte Zimmer. Neben erstklassigen Spa-Behandlungen auch Yoga- und Kochkurse. Zwei Restaurants, Bar, Pool, großes Wassersportangebot.
- Bophut Beach | Tel. 0 7742 8300
  www.samui.anantara.com

Ban Sabai Retreat & Spa €€€
Herrliche Unterkunft mit umfangreichem Wellnessangebot und Detox-Programm.
- Big Buddha Beach | Tel. 0 7724 5175
  www.ban-sabai.com

Tour auf Ko Samui

Tour

Rund um Ko Samui › S. 93

Big Buddha Beach › Chaweng Beach › Lamai Beach › Ban Hua Thanon › Wat Khunaram › Laem Sor Chedi › Nathon › Maenam Beach › Bophut Beach › Big Buddha Beach

- N Chaweng Beach
- O Lamai Beach
- P Big Buddha Beach
- Q Bophut Beach
- R Maenam Beach
- S Wat Khunaram
- T Hat Rin
- U Thong Nai Pan
- V Hat Sadet
- W Hat Khuat

Blick auf den langen Lamai Beach

The Briza Beach Resort & Spa €€€
Ruhiges Luxusresort mit edlen Strandvillen, großen Privatpools und Butlerservice. Spa, Pool, Wassersport.
- Chaweng Beach | Tel. 0 7723 1997
  www.thebriza.com

The Library €€€
❗ Resort in minimalistischem Zen-Design mit luxuriösen, innovativ beleuchteten Suiten und Studios, ausgestattet mit riesigem Plasma-TV, DVD-Player und iMac. Bäder mit Whirlpool. Pool, Restaurant, Bar, Fitnessraum, Bibliothek.
- Chaweng Beach | Tel. 0 7742 2767-8
  www.thelibrary.co.th

Napasai €€€
Einsames Resort auf einem Felsvorsprung am westlichen Strandende. Luxuriöse Teakhütten mit Privatpools und Bädern mit riesigen Wannen. Gutes Restaurant, erstklassiges Spa.
- Maenam Beach | Tel. 0 7742 9200
  www.napasai.com

The Saboey €€€
Boutique-Hotel mit marokkanisch-asiatischem Design. Infinity-Pool mit Meerblick und Jacuzzi. Zwei romantische Restaurants.
- Big Buddha Beach | Tel. 0 7743 0450
  www.saboey.com

The Island Resort €€–€€€
Klimatisierte Bungalows in einem Park mit Kokospalmen. Restaurant abends mit leckerem Seafood-Barbecue.
- Chaweng Beach | Tel. 0 7723 0751
  www.theislandsamui.com

Eden Bungalows €€
Kleine Oase der Ruhe mit schönen Bungalows in einem tropischen Garten.
- Bophut Beach | Tel. 0 7742 7645
  www.edenbungalows.com

Montien House €€
Ruhiges kleines Resort in schöner Gartenanlage. Kleiner Pool und Strandrestaurant. Preis-Leistungs-Verhältnis gut.

Karte S. 107

Ko Samui **Ko Samui und Ko Phangan**

- Chaweng Beach | Tel. 0 7730 0505
  www.montienhouse.com

The Lodge €€
Minihotel am schmalen Strand, alle Zimmer sind mit viel Liebe eingerichtet, Meerblick.
- Bophut Beach | Tel. 0 7742 5337
  www.lodgesamui.com

Restaurants
Prego €€€
Vorzügliche italienische Küche im minimalistischem Ambiente des Amari Palm Reef Resort. Große Weinkarte.
- Chaweng Beach | Tel. 0 7730 0317
  www.prego-samui.com

Zazen €€€
Ökologische Fusionsküche in romantischem Ambiente bei Kerzenlicht mit Meerblick.
- Bophut Beach | Tel. 0 7742 5085
  www.samuizazen.com

Poppies €€–€€€
Internationale und Thai-Küche in tropischem Garten am Strand am südlichen Ende der Chaweng-Bucht.
- Chaweng Beach | Tel. 0 7742 2419
  www.poppiessamui.com

The Spa Restaurant €€
Strandrestaurant des Spa Resorts mit vielen leckeren vegetarischen Gerichten und frischem Seafood.
- Lamai Beach | Tel. 0 7742 4126
  www.thesparesorts.net

Sa Bieng Lae Restaurant €
❗ Das kleine Lokal serviert frische Samui-Spezialitäten, wie köstliche Scampi und höllisch scharfes Seafood-Curry.

- im Westen|nahe dem Dorf Lipa Noi
  Tel. 0 7723 3082
  www.sabienglae.com

Nightlife
Im **Reggae Pub,** einer wahren Institution am Chaweng Beach, versacken die meisten Nachtschwärmer. Aber auch **Full Circle** und **Green Mango** (www.thegreenmangoclub.com) sind legendär, danach zieht die Menge weiter in die **Bar Solo** (www.barsolosamui.com). Der **Cha Cha Moon Beach Club** ist eine der angenehmsten Neuentdeckungen am Strand: ❗ leckere Cocktails, chillige Musik und sehr beliebte Full-Moon-Parties. Am Lamai Beach sind **Bauhaus, Fusion, Club Mix** und **SUB** sehr beliebt. In der Beach Bar **Gecko Village** trifft sich der halbe Bophut Beach.

Shopping
Das größte Angebot haben die Boutiquen und Antiquitätenläden am Chaweng Beach. Stöbern Sie im **Samui Handicraft Center** zwischen Kitsch und Kunst (Inselringstraße, an der südlichen Kreuzung nach Chaweng). Schicke Urlaubsmode gibt's bei **Phuket Mermaids** (www.phuketmermaids.com) und **Chandra** (www.chandra-exotic.com), alle in der Chaweng Beach Rd.

Aktivitäten
Planet Scuba
Die beste Tauchschule.
- Gegenüber der Coyote Bar
  Chaweng Beach | Tel. 0 7741 3050
  www.planet-scuba.net

Discovery Divers
Ebenfalls ein guter Tauchanbieter.
- Amari Palm Reef | Chaweng Beach

Tel. 0 7731 0764
www.discoverydivers.com

Canopy Adventures
Hier kann man sich am Drahtseil durch den Inseldschungel schwingen.
- Best Beach Bungalow

Gratis: tolle Aussicht

- Der **Khao Daeng Viewpoint** bietet einen großartigen Blick über den Khao Sam Roi Yot National Park. › S. 87
- Zwischen **Kata** und **Chalong** schweift der Blick von der größten Buddhastatue der Welt über die Buchten Phukets. › S. 94
- Berühmt sind die Sonnenuntergänge am **Laem Phromthep**, dem »Kap der Götter« im Süden von Phuket. › S. 96
- Vom Aussichtspunkt hoch über der Ton Sai Bay und Lo Dalam Bay genießt man einen berauschenden Blick über den Isthmus von **Ko Phi Phi Don** mit seinen weißen Strandsicheln. › S. 104
- Der Utthayan Hill auf **Ko Wua Talap** belohnt Wanderer mit einem berauschenden Panorama des Archipels Ang Thong Marine National Park. › S. 110
- Chiang Mai aus der Vogelperspektive offeriert der 1600 m hohe Berg **Doi Suthep**. › S. 123
- Vom Aussichtspunkt in **Sob Ruak** liegen Ihnen drei Länder zu Füßen: Thailand, Myanmar und Laos. › S. 129

Chaweng Beach
Tel. 0 7730 0340
www.canopyadventuresthailand.com

Ausflug in den Ang Thong Marine National Park 11 [B9]

Der Nationalpark umfasst 42 unbewohnte Inseln der Samui-Gruppe, die z. T. dicht beieinanderliegen und sowohl über als auch unter Wasser wunderbare Landschaften, üppige Flora und Fauna bieten. Überwältigend ist der Blick vom Aussichtspunkt auf **Ko Wua Talap**. Traumhaft ist auch die malerische Lagune auf **Ko Mae Ko**.

Anreise

Ab Ko Samui, Ko Phangan und Ko Tao tgl. organisierte Tagestouren, z. B. per Schnellboot mit **Grand Sea Discovery** (Tel. 0 7742 7001, www.grandseatours.com); per Kajak mehrtägige Touren ab Nathon Pier (Samui) mit **Blue Stars** (Tel. 0 7730 0615, www.bluestars.info).

Ko Phangan 12 [B9]

Die Backpacker-Bastion mit dem Hauptort Thong Sala im Südwesten bietet immer noch schöne, ruhige Strände, die allerdings schwer erreichbar sind – ideal für Anspruchslose, die viel Ruhe suchen. Der Hauptstrand **Hat Rin** ist allerdings für seine Full Moon Partys berühmt-berüchtigt.

Lohnend ist ein Ausflug quer durch den Urwald zur Zwillingsbucht **Thong Nai Pan** im Nordosten nebst Abstecher zum Strand von

Hat Sadet ⓥ mit romantischen Wasserfällen sowie einer Bootsfahrt von Thong Nai Pan zum fast unberührten Strand Hat Khuat ⓦ.

Anreise
- Tgl. **Schiffe** von/nach Ko Samui/Nathon (1–2 Std.); **Schnellboote** ab Big Buddha Beach/Maenam Beach nach Thong Sala (½ Std.).

Hotels
Panviman Resort €€€
Häuschen am Hang oberhalb zweier Buchten, Zimmer in Hotelbau. Mit schöner Poollandschaft, Spa, Restaurant.
- Thong Nai Pan Noi Beach
  Tel. 0 7744 5101-9
  www.panviman.com

Blue Ocean Garden €€
Komfortable Bungalows in idyllischem Tropengarten am Strand der Westküste. Italienisches Restaurant und Spa.
- Chao Pao Beach | Tel. 0 8708 62697
  www.blueoceangarden.com

Restaurants
Viele internationale Restaurants, v. a. in Thong Sala und am Hat Rin Beach.

A's Coffee Shop €–€€
Gutes Thai- und italienisches Essen, dazu frisch gebrühter Kaffee.
- Thong Sala | Tel. 0 7737 7226

Ko Tao ⑬ [B9]

Die liebenswerte Felseninsel mit hübschen kleinen Stränden und lebendigem Nightlife an den Hauptstränden **Sairee** und **Mae Hat** ist toll, um Tauchen zu lernen. In manchen

Ko Tao ist die Taucherinsel par excellence

Dive Resorts bekommt man sogar nur Zimmer, wenn man Tauchkurse bucht. An den **Shark Islands** und den vier von Seeanemonen überzogenen Unterwasserfelsen **Chumphon Pinnacles** bietet Ko Tao eine fantastische Unterwasserwelt.

Anreise
- Tgl. Boote von **Lompraya High Speed Ferries** (www.lomprayah.com) und **Seatran** (www.seatrandiscovery.com) von/nach Ko Phangan (1,5–2 Std.).

Hotels
View Point Resort €€€
Exklusive Anlage im balinesischen Stil auf einem Hügel über dem Meer. Die Besitzerin kümmert sich um Umweltschutz- und Sozialprojekte.
- Chalok Ban Kao | Tel. 0 7745 6444
  www.kohtaoviewpoint.com

Ban's Diving Resort €€
Komfortables Taucherresort mit eigenem Hausriff.
- Hat Sairee | Tel. 0 8330 40667
  www.bansdiving.de

CHIANG MAI UND DER NORDEN

Kleine Inspiration

- **Auf der Straße der Kunsthandwerker** bei Chiang Mai schön einkaufen › S. 119
- **In Mae Salong** ein Stück chinesische Vergangenheit erleben › S. 130
- **Eine feucht-fröhliche Flussfahrt** mit Boot oder Floß auf dem Nam Kok unternehmen › S. 131

Karte S. 114

Tour 7–9 **Chiang Mai und der Norden**

Golden leuchten die Tempeldächer in Chiang Mail. Mächtige Buddhastatuen prägen Sukhothai. Und im Goldenen Dreieck am Mekong schweift der Blick zu den Urwäldern in Laos und Myanmar.

Thailands Norden ist das Shangri-La der Kulturtouristen, Trekkingfans und Rucksackreisenden mit schmalem Budget. Man bekommt hier noch immer erstaunlich viel für wenig Geld. Beliebt ist die Anfahrt im Schlafwagen von Bangkok nach **Chiang Mai**, das Zentrum des Nordens, dessen farbenfroher Nachtmarkt geradezu legendär ist. Aber auch die Dörfer außerhalb der Stadt sind heiße Einkaufstipps für das schöne Kunsthandwerk der Bergvölker. Zwischen Chiang Mai und der südlich gelegenen alten Hauptstadt **Sukhothai** stehen Thailands schönste Tempelanlagen. Westlich von Chiang Mai locken die in den Bergen gelegenen Trekkinghochburgen **Pai** und **Mae Hong Song** mit Ausflügen in die Dörfer der Bergvölker. Viele junge *farangs* (Ausländer) bleiben angesichts der günstigen Übernachtungspreise mitunter gleich Wochen. **Chiang Rai** im Norden ist wiederum das Sprungbrett für einen Besuch des **Goldenen Dreiecks** am Mekong mit seinen Bergwäldern, Mohnfeldern und Ausblicken über die Grenze nach Laos und Myanmar. Rund um die Stadt **Mae Salong** fühlt man sich gar in ein Fleckchen des vorkommunistischen Chinas versetzt, das man so im gesamten Reich der Mitte nicht mehr findet.

Touren in der Region

Im kühlen Reich der Bergvölker

Route: Chiang Mai › Pai › Mae Hong Song › Mae Sariang › Doi Inthanon National Park › Chiang Mai

Karte: Seite 114

Dauer und Länge: 4 Tage, mit Trekkingausflügen 1 Woche, ca. 600 km

Praktische Hinweise:
- Die Strecke können Sie im Mietwagen oder Bus bewältigen.
- Motorradfahrer können in Chiang Mai gut gewartete Maschinen mieten, aber auf der schönen Strecke muss man mit haarsträubenden Überholmanövern einheimischer Fahrer und sturen Zeburindern auf der Straße rechnen.

Im Doi Inthanon National Park

Chiang Mai und der Norden   Tour 7–9

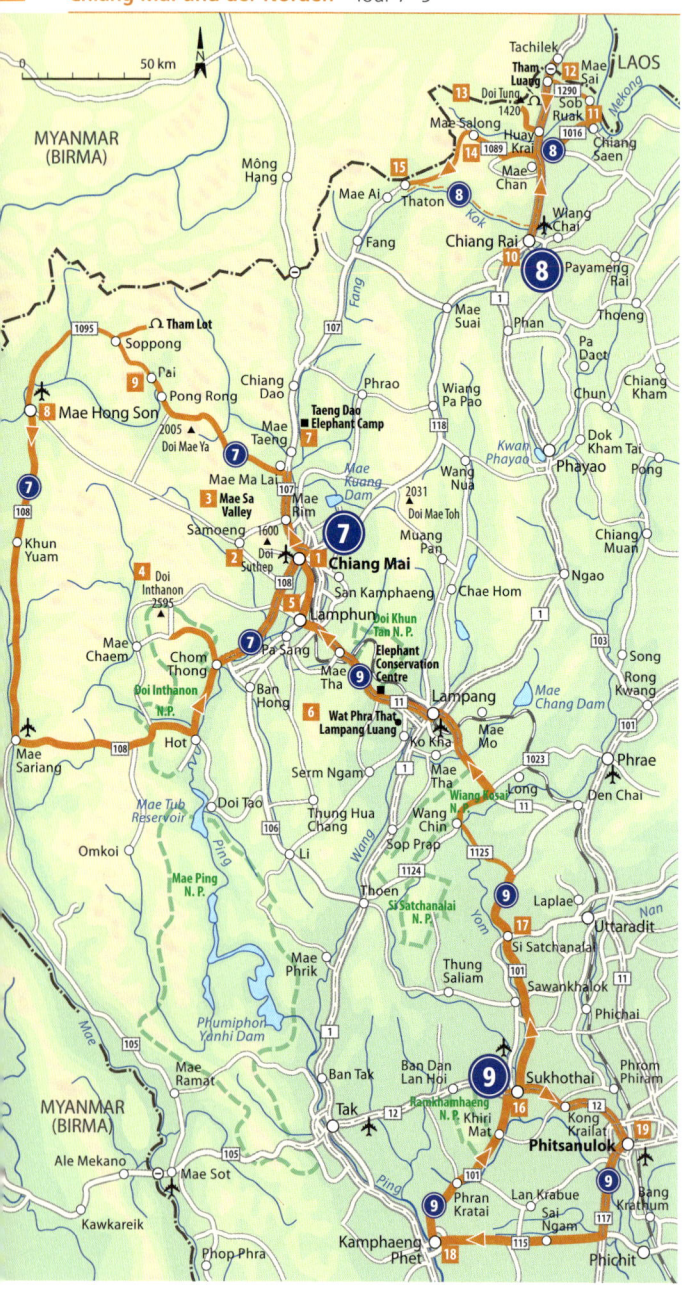

Tour 7 | 8 **Chiang Mai und der Norden**

Tour-Start:

Auf dieser Tour fahren Sie auf den wohl reizvollsten und kurvenreichsten Strecken Thailands durch eine fast ausschließlich von Minoritäten bewohnte wildromantische Berglandschaft. Gut drei Stunden benötigen Sie für die Fahrt auf der Straße 107 von **Chiang Mai** 1 › **S. 118** nach **Pai** 9 › **S. 126** (ca. 135 km), wobei sich kurz vor Pai ein Abstecher auf der Straße 1098 zu den heißen Quellen von Pong Rong anbietet. Genießen Sie in Pai den Ausblick vom Wat Phra That Mae Yen. Man kann eine Trekkingtour zu den umliegenden Dörfern der Bergvölker oder eine Raftingtour auf dem Pai River buchen. Für die Weiterfahrt in die alte Shan-Stadt **Mae Hong Song** 8 › **S. 125** (158 km) brauchen Sie vier Stunden, doch mit Abstecher zur Tropfsteinhöhle Tham Lot bei Soppong und zu den sieben Kaskaden der Pha Sua Falls wird meist ein ganzer Tag daraus. Hinter Soppong begleiten Sie Kalksteinberge, Bambuswald und leider oft der Rauch illegaler Brandrodungen.

Die Weiterfahrt durch die abgelegene Waldlandschaft an der Grenze zu Myanmar bis ins kleine Mae Sariang (170 km) ist am schönsten im Winter, wenn rundum die roten Weihnachtssterne blühen. Nach einer Übernachtung in einem der kleinen Hotels geht es zurück nach Chiang Mai (285 km). Sie können unterwegs in mehreren Kunsthandwerksdörfern ein Stopp einlegen und kurz hinter Chom Thong auf der 48 km langen Serpentinenstraße zum Gipfel des **Doi Inthanon** 4 › **S. 124** hinauffahren. Nach diesem Abstecher erreichen Sie auf der Straße 108 am Abend dann wieder Chiang Mai.

 Im Goldenen Dreieck

Route: Chiang Rai › Chiang Saen › Sob Ruak › Mae Sai › Doi Tung › Mae Salong › Thaton › Chiang Rai

Karte: Seite 114
Dauer: 5 Tage, mit Floßfahrt 1 Woche
Praktische Hinweise:
- Für diese Tour nehmen Sie einen Mietwagen oder Busse. Von Thaton zurück nach Chiang Rai alternativ auch ein Boot oder Floß.

Touren im Norden

Tour 7 Im kühlen Reich der Bergvölker
Chiang Mai › Pai › Mae Hong Song › Mae Sariang › Doi Inthanon National Park › Chiang Mai

Tour 8 Im Goldenen Dreieck
Chiang Rai › Chiang Saen › Sob Ruak › Mae Sai › Doi Tung › Mae Salong › Thaton › Chiang Rai

Tour 9 Tempelstädte Nordthailands
Sukhothai › Phitsanulok (Wat Phra Si Ratana Mahatat) › Kamphaeng Phet › Si Satchanalai › Lampang Luang › Elephant Conservation Centre › Lamphun › Chiang Mai

Chiang Mai und der Norden — Tour 8: Im Goldenen Dreieck

Königlicher Garten in Doi Tung

Tour-Start:

Durch Reis- und Gemüsefelder, vorbei an Obstgärten und Straßenmärkten, geht es zunächst auf dem Hwy 1 von **Chiang Rai** 10 › S. 127 nach Mae Chan und anschließend von dort auf der Straße 1016 nach Chiang Saen › S. 128 am Mekong (ca. 60 km). Hier sind Sie dann auch schon mitten drin in dem berühmtberüchtigten **Goldenen Dreieck** 11 › S. 128. Schauen Sie sich die Tempel des Ortes an und folgen Sie dann auf der Straße 1290 dem linken Ufer des Mekong in Richtung Norden bis Sob Ruak › S. 129. Von einem Aussichtspunkt können Sie einen Blick über drei Länder werfen – Thailand, Myanmar und Laos liegen Ihnen hier zu Füßen. Und zwei kleine Ausstellungen zum Opiumanbau erinnern daran, dass es in der Gegend nicht immer so friedlich zuging. Sie werden sicher noch einige blühende Mohnfelder erspähen, doch die Opiumküchen verbergen sich tief im birmanischen Urwald, durch den gelegentlich Schüsse hallen. Der Handel ist trotz rigider Bekämpfungsmaßnahmen bis heute nicht völlig verschwunden. Nach **Mae Sa** 12 › S. 129 sind es auf der 1290 noch etwa 30 km. Dort können Sie übernachten und am nächsten Morgen in Myanmars Grenzort Tachilek › S. 129 shoppen gehen, einige Kilometer südlich von Mae Sai die Höhle Tham Luang › S. 129 besichtigen und die fantastische Aussicht vom »Flaggenberg« Doi Tung › S. 130 genießen. Über den Hwy 1 und die durch eine wunderbare Berglandschaft führende Straße 1089 erreichen Sie in herrlicher Abendstimmung das chinesisch geprägte **Mae Salong** 14 › S. 130. Hier können Sie übernachten. Am 3. Tag sollten Sie sich von der zauberhaften Morgenstimmung anstecken lassen und auf dem Markt die farbenfroh gekleideten Angehörigen der Bergvölker Lisu, Akha und Lahu kennenlernen. Nach wie vor landschaftlich sehr schön ist die Weiterfahrt auf der Straße 1089. Gegen Abend erreichen Sie schließlich den Grenzort **Thaton** 15 › S. 131. Wenn Sie mit dem Mietwagen unterwegs sind, fahren Sie am 5. Tag gemütlich auf der Straße 1089 zurück nach Mae Chan und dann auf dem Hwy 1 nach Chiang Rai. Wer diese Tour allerdings mit dem Bus macht, kann für die Rückfahrt eine spannende Alternativroute wählen und von Thaton mit einem Boot (Fahrtzeit: 1 Tag) oder sogar mit dem Floß (3 Tage inkl. Camping) auf dem Mae Nam Kok nach Chiang Rai zurückkehren.

Karte S. 114

Tour 9: Tempelstädte Nordthailands

Chiang Mai und der Norden

Tempelstädte Nordthailands

Route: Sukhothai › Phitsanulok (Wat Phra Si Ratana Mahatat) › Kamphaeng Phet › Si Satchanalai › Lampang Luang › Elephant Conservation Centre › Lamphun › Chiang Mai

Karte: Seite 114
Dauer und Länge: 4 Tage, ca. 520 km
Praktische Hinweise:
- Für die Tour empfiehlt sich ein Mietwagen. Wer mit dem Bus unterwegs ist, ist besser beraten, Si Satchanalai und Phitsanulok als Ausflug von Sukhothai sowie Lampang Luang und Lamphun als Ausflug von Chiang Mai zu organisieren.

Tour-Start:

Sukhothai 16 › S. 131 ist das beste Standquartier für die ersten beiden Tage. Mit dem Fahrrad können Sie auch weiter außerhalb liegende und seltener besuchte Wats erkunden. Knapp 60 km sind es von Sukhothai auf der Straße 11 in die Provinzstadt **Phitsanulok** 19 › S. 135, wo im Wat Phra Si Ratana Mahatat die wohl schönste Statue der Sukhothai-Zeit steht. Fast allein streifen Sie am Nachmittag durch die verfallenen Tempelanlagen von **Kamphaeng Phet** 18 › S. 134 (110 km über die Straßen 111 und 115). Am Abend kehren Sie auf der Straße 110 nach Sukhothai zurück (rund 100 km).

Am nächsten Morgen geht es weiter in die romantische Tempelstadt **Si Satchanalai** 17 › S. 133 (60 km). Nehmen Sie sich den Rest des Tages Zeit, erkunden Sie die Stätte mit dem Fahrrad, genießen Sie die Abendstimmung und fahren Sie nach einer Übernachtung weiter auf der Straße 110 in Richtung Norden, bis Sie nach etwa 80 km den nach Chiang Mai führenden Hwy 11 erreichen. Er bringt Sie in nordwestlicher Richtung in die Stadt Lampang, deren berühmter **Wat Phra That Lampang Luang** 6 › S. 125 allerdings weit außerhalb liegt.

Am Nachmittag besuchen Sie auf der Weiterfahrt nach Chiang Mai (106 km), die durch ein reizvolles schluchtartiges Waldgebiet führt, das interessante **Elephant Conservation Centre** 7 › S. 125 und danach in **Lamphun** › S. 125 5 den Wat Haripunchai, dessen vergoldeter Chedi in der Abendsonne leuchtet. Am Abend wartet dann der Nachtmarkt von **Chiang Mai** 1 › S. 118.

Nachtmarkt in Chiang Mai

Unterwegs in Nordthailand

Chiang Mai 1 [B2]

In einem weiten fruchtbaren Tal am Ping-Fluss gelegen, von hohen Bergen umgeben und von geradezu sprichwörtlich freundlichen Menschen bewohnt, schlagen Stadt und Umgebung einheimische und ausländische Touristen in ihren Bann.

1296 von König Mengrai gegründet, entwickelte sich Chiang Mai schnell zum Zentrum des Reiches Lanna (»eine Million Reisfelder«), das sich im 14. Jh. über den gesamten heutigen Norden Thailands sowie über Teile von Myanmar und Laos erstreckte. 1556 fiel die Stadt für über 200 Jahre an die Birmanen. Das historische Reich ging damit unter, der Name Lanna wird jedoch mitunter für die Region verwendet und von den Thais gern mit einer besonders entspannten und naturverbundenen Lebensphilosophie assoziiert, die sie in den Menschen in und um Chiang Mai, der »Rose des Nordens«, verkörpert sehen.

Die quadratische Altstadt mit einer Seitenlänge von knapp 2 km wird von den historischen Wassergräben umfasst; Teile der Befestigungsanlagen sind erhalten oder rekonstruiert. Lauschige Holzvillen verstecken sich in schönen Gärten, alte Tempel in gewundenen Gassen, Restaurants und Souvenirgeschäfte reihen sich aneinander. Chiang Mai zählt interessanterweise zu den wenigen Orten, wo sich Thais und Ausländer Seite an Seite in den gleichen Etablissements amüsieren und auf den gleichen Märkten shoppen.

Ca. 200 Tempel gibt es, und jede Anlage lohnt zumindest einen kurzen Blick hinter die Mauern, gezielt besuchen sollten Sie die Folgenden.

Wat Chedi Luang

Der Tempel im Westen der Altstadt wird von den 60 m hohen restaurierten Überresten eines Chedi von 1441 überragt, der zu Thailands gewaltigsten Bauwerken zählt. Vier Buddhas blicken in alle Himmelsrichtungen über die Stadt. Bis zu einem Erdbeben im 16. Jh. war Chedi Luang 90 m hoch und mit vergoldeten Kupferplatten bedeckt.

Wat Chiang Man

Der Tempel im Nordwesten stammt aus dem Gründungsjahr der Stadt. Zwei winzige, hochverehrte Buddhas stehen hinter dicken Stahlgittern wie in einem Tresor. Der 25 cm hohe Marmorbuddha Sila datiert aus der Frühzeit der buddhistischen Kunst in Indien, der noch kleinere, aus Quarz geschnittene Setangamani soll zu Beginn unserer Zeitrechnung in Lopburi entstanden sein.

Wat Phra Sing

Chiang Mais größter Tempel im Westen der Altstadt ist ein religiöses Zentrum und beherbergt den dritten der legendären Sihing-Buddhas (› **S. 63**, Nationalmuseum in Bangkok) in einem Viharn mit Wandmalereien.

Karte
S. 114

Chiang Mai Nordthailand

Der massive Wat Chedi Luang im Westen von Chiang Mai

Nationalmuseum

Das nordwestlich der Altstadt gelegene Museum zeigt Exponate zu Geschichte und Kunst, darunter viele Gebrauchsgegenstände der Lanna-Bauern (Mi–So 9–16 Uhr, teilw. wegen Renovierung geschl.).

Nachtmarkt

Die Hauptattraktion zwischen Osttor und Fluss ist eher was zum Gucken. Ein Sammelsurium von Geschäften verkauft alles, was die Region zu bieten hat. Ein Bummel verschafft Ihnen also einen Überblick. Allerdings findet man die besten Läden nicht unbedingt im Night Bazaar Building. Ausnahmen sind u. a. **Lanna Silver** (Nr. 51–52) und **Arnut Asia Treasures** (Nr. 48–49). Auch **Ceramthai** (Nr. 30) ist mit einer kleinen Auswahl vertreten (mehr Shoppingtipps › **S. 112**).

Das **Galare Food Center** im Nachtmarkt bietet neben preiswertem Essen traditionellen Tanz, Thaiboxen und Travestieshows.

Straße der Kunsthandwerker

Bevor Sie auf dem Nachtmarkt übereilt kaufen: Fahren Sie für mindestens einen halben Tag in Richtung des Dorfes **San Kamphaeng** westlich von Chiang Mai. Entlang der Straße ziehen sich über Kilometer kunsthandwerkliche Betriebe vom Schnitzer über Lack-, Schirm- und Fächermaler bis hin zu Seiden- und Baumwollwebern.

Info

Tourism Authority of Thailand (TAT)
Pläne von Stadt und Umgebung, Beratung bei Trekkingtouren.
- Lamphun Rd. | Chiang Mai
  Tel. 0 5324 8604

Anreise

- **Flugzeug:** Chiang Mai International Airport (Tel. 0 5327 0222, www.airportthai.co.th). Preiswerte Flugverbindungen mit allen größeren Städten des Landes, darunter ein Direktflug nach Phuket (allerdings keiner nach

Samui). Das Taxi in die Innenstadt kostet etwa 150 Baht.
- **Bus:** Der Chiang Mai Arcade Bus Terminal (Tel. 0 5324 4664) im Nordosten des Stadtzentrums bedient u. a. die Strecken nach Bangkok (10 Std.), Chiang Rai (4 Std.), Mae Sai (5 Std.), Pai (3 Std.), Mae Hong Song (6 Std.) und Sukothai (5 Std.), der Chang Phueak Bus Terminal (Tel. 0 5321 1586) etwas nördlich des Chang Phueak Gate die Routen nach Thaton (4 Std.) und Lamphun (1 Std.). Innerhalb der Stadt verkehren Tuk-Tuks und Songthaeos.
- **Zug:** Chiang Mai Railway Station (27 Charoen Muang Rd.). Günstige Verbindung mit Bangkok (Halt in Phitsanulok und Ayutthaya), auch komfortable Schlafwagen.

Hotels
Four Seasons €€€
Bungalows im klassischen Landesstil schmiegen sich harmonisch in Reisfelder. Die märchenhaft schöne Anlage verfügt über sämtliche Finessen inklusive Spa und riesige Villen, liegt allerdings gut 20 km außerhalb der Stadt (Shuttle-Service).
- Mae Rim-Samoeng Kao Rd.
  Tel. 0 5329 8181
  www.fourseasons.com/de/chiangmai

Rachamankha €€€
! Edler China-Thai-Stilmix in der Altstadt mit komfortablen Zimmern, sehr schönem Pool und Spa. Das Restaurant serviert Gerichte der Lanna und birmanische Spezialitäten. Ultraschicke Bar mit leckeren Cocktails.
- 6 Rachamankha 9
  Tel. 0 5390 4111
  www.rachamankha.com

Tamarind Village €€€
Boutique-Hotel mitten in der Altstadt und trotzdem eine Oase der Ruhe, mit traditionell eingerichteten luxuriösen Zimmern und Spa mit Lanna-Behandlungen. In Ferienzeiten › S. 26 lange im Voraus buchen!
- 50/1 Ratchadamnoen Rd.
  Tel. 0 5341 8896
  www.tamarindvillage.com

Baan Oraphin €€
Charmantes Hotel am Ostufer des Ping River. Zimmer und Privatbungalows sind mit viel Teak im traditionellen Thai-Stil eingerichtet, dazu kommen romantische Himmelbetten, Terrassen und sogar ein Pool. Erstaunlich preiswert.
- 150 Charoen Rat Rd.
  Tel. 0 5324 3677
  www.baanorapin.com

3 Sis Bed & Breakfast €€
Bestes Bed & Breakfast in Chiang Mai. Der Service ist vorzüglich, die Zimmer mit eigenem Bad sind komfortabel und preiswert. Ein weiteres Plus ist die Lage mitten in der Altstadt unweit des Wat Chedi Luang. Die »drei Schwestern« servieren zudem leckere Bioküche mit Produkten aus eigenem Anbau. Kostenloser WLAN-Zugang.
- 1 Phra Pokklao Soi 8
  Tel. 0 5327 3243
  www.3sisbedandbreakfast.com

Galare Guest House €€
Schöne Anlage am Fluss. Klimatisierte Zimmer mit eigenem Bad und Balkonblick auf den Garten.
- Charoen Prathet Rd.
  Tel. 0 5382 1011
  www.galare.com

Karte S. 114

Chiang Mai **Nordthailand**

River View Lodge €€
Angenehmes kleines Hotel am Ping River, mit Pool und geschmackvoll eingerichteten Zimmern, alle mit eigenem Bad, einige mit Balkon und Veranda zum Fluss.
• Charoen Prathet Rd. | Tel. 0 5327 1109
www.riverviewlodgech.com

Villa Duang Champa €€
Kühles altes Gebäude gleich hinter dem Three Kings' Monument, mit sehr schönen Zimmern.
• 82 Ratchadamnoen Rd.
Tel. 0 5332 7199
www.villaduangchampa.com

Gap's House €
Traditionelles Thai-Haus in einer Gartenanlage am Tapae Gate, gute Küche, mit eigener Kochschule. Keine Reservierungen!
• 3 Ratchadamnoen Rd. 4
Tel. 0 5327 8140
www.gaps-house.com

Julie Guest House €
Sehr preiswertes Guesthouse in der Nähe des Thapae Gate mit bunten Doppelzimmern und eigenem Bad für 300 Baht. Sehr freundliche Atmosphäre in den Gemeinschaftsräumen mit Hängematten. Seriöser, günstiger Massagesalon nebenan. Ausflugsprogramm.
• 7/1 Phra Pokklao Soi 5
Tel. 0 5327 4355
www.julieguesthouse.com

Restaurants
The Gallery €€
Edles Ambiente am Ostufer des Ping River in einem der ältesten Holzbauten der Stadt. Serviert wird entschärftes Thai-Essen bei Kerzenlicht und leider recht vielen Mücken.
• Charoen Rat Rd. | Tel. 0 5324 8601
www.thegallery-restaurant.com

The Riverside €€
Touristenhochburg mit Livemusik und erstklassiger Thai-Küche. Besonders lecker sind Massaman- und Panang-Currys.
• Charoen Rat Rd. | Tel. 0 5324 3239
www.theriversidechiangmai.com

Aroonrai €
Das nur äußerlich banal wirkende Gartenrestaurant schräg gegenüber dem Tapae Gate. Setzt seit vielen Jahren Maßstäbe für authentische nordthailändische Küche. Zu empfehlen ist das köstliche *khao sai* (Eiernudeln mit Huhncurry).
• Kotchasarn Rd. | Tel. 0 5327 6947

Lokale Spezialität: *khao sai*

Free Bird Cafe €
Vorzügliche Bioküche speisen für einen guten Zweck! Alle Gewinne gehen an das Thai Freedom House, das sich um Bildung und Integration der Bergvölker und der birmanischen Flüchtlinge kümmert. Neben klassischer Thaiküche auch Spezialitäten der Shans und Birmanen.
- 116 Maneenoparat Road
  Tel. 0 81028 5383
  www.thaifreedomhouse.org

Nightlife

! In den Discos Bubbles und Hot Shot des Hotelturms Pornping Tower am Nachtmarkt tanzen besonders viele farangs mit jungen Einheimischen, die allerdings oft eher merkantil gestimmt sind. Nach Mitternacht zieht man weiter in den kleinen lauten Disco-Pub **Nice Illusion** am Thapae Gate, in dem sich junge Thais amüsieren. ! Einheimische Trendsetter und Studenten treffen sich in den Bars, Lounges und auf den zwei Dancefloors des Warm Up Café (www.warmupcafe1999.com) in der Nimmanhaemin Rd. (Nr. 40).

Prächtige Seidenstoffe der Hmong

Shopping

Wer durch Thailand reist, sollte seine Einkaufstour in Chiang Mai machen. Nirgendwo ist die Auswahl an schönen Souvenirs größer als hier.

Adun Hill Tribe Store
Handgewebte Kleidung, bestickte Gürtel, Sandalen und Umhängetaschen, gefertigt von Angehörigen der Bergvölker (Zweiter Laden: 172 Thapae Rd.).
- 210/1 Phra Pokklao Rd.
  Tel. 0 8943 4141

Baan Celadon
Sehr schöne Seladon-Keramik. **50 Dinge** ㊶ › S. 16.
- 7 Moo 3/Sankamphaeng Rd.
  Tel. 0 5333 8288
  www.baan-celadon.com

Herbs Basics
Seifen, Lotionen, Cremes, Essenzen und Kerzen in zahllosen feinen Düften, die aus lokalen Pflanzen gewonnen werden. Alles sehr preiswert (Filiale: 174 Phra Pokklao Rd.).
- 344 Tapae Rd. | Tel. 0 5323 4585
  www.herbbasicschiangmai.com

HQ Paper Maker
Traumhaft schöne Papierwaren, darunter von Hand gefertigtes und gefärbtes Maulbeerpapier in vielen Farben und Mustern.
- 3/31 Samlan Rd. | Tel. 0 5381 4717
  www.hqpapermaker.com

Kachama
Seidenwebkunst der Hmong in farbenfrohem Design, darunter einzigartige Wandbehänge. Schals, Kissenbezüge und Tischdecken sind natürlich

Karte S. 114

Chiang Mai **Nordthailand**

erschwinglicher. Im Obergeschoss werden die edlen Stoffe am laufenden Meter verkauft, und man kann sich seinen textilen Traum nach Maß schneidern lassen.
- 10–12 Soi 1/Nimmanhaemin Rd. Tel. 0 5321 9499

Prempracha's Collection
Riesige Auswahl an geschmackvoller Keramik in faszinierenden Mustern und Farben.
- 224 M.3/Sankampaeng Rd. Tel. 0 5333 8540 www.prempracha.com

Sop Moei Arts
Schöne Stoffe und Körbe aus den Dörfern der Pwo Karen in der Provinz Mae Hong Song in Naturfarben und dezenten Mustern. Die seidenen Bettdecken sind ein Traum. Die Erlöse der gemeinnützigen Organisation fließen in dörfliche Entwicklungsprojekte.
- 50/10 Charoen Rat Rd. Tel. 0 5330 6123 www.sopmoeiarts.com

Thai Tribal Crafts
Fair-Trade-Laden für Kunsthandwerk der Bergvölker (Filiale: 25/9 Moon Muang Rd.). **50 Dinge** ㉝ › S. 15.
- 1208 Bamrungrat Rd. Tel. 0 5324 1043 | www.ttcrafts.co.th

Aktivitäten
Überall in Chiang Mai werden **Trekkingtouren** angeboten. Über einsame, waldige Kuppen in Dörfer der Bergvölker zu wandern zählt zu den schönsten touristischen Aktivitäten in der Region. Tatsächlich unberührte Dörfer gibt es allerdings kaum noch. Sie werden sich damit abfinden müssen, am Ziel auf Fernsehapparate und andere Touristen zu treffen.

Chiang Mai Garden Trekking Tour
Empfehlenswerte dreitägige Trekkingausflüge in die Bergregion zwischen Chiang Mai und Pai.
- 175/14 Ratchadamnoen Rd. Tel. 08 1950 3918 www.chiangmaigardenguesthouse.com

Pooh Eco Trekking
Auf Nachhaltigkeit bedachte, sanfte Trekkingtouren in kleinen Gruppen. Geschlafen wird in Dörfern der Bergvölker bei langjährigen Freunden der zwei sehr kenntnisreichen Führer bzw. in einer Bambushütte am Fluss.
- 59 Rajchapakinai Rd Tel. 0 5320 8538 Mobil 0 8504 14971 www.pooh-ecotrekking.com

3rd Eye Travel
Ökotrekking, Elefantenritte durch die Wälder, Wildwasserrafting auf dem Mae Tang River und Begegnungen mit verschiedenen Bergvölkern.
- Nong Jom Rd. Mobil 0 81302 9903

Ausflüge von Chiang Mai

Doi Suthep ❷ [A2]
Der 1600 m hohe Berg, nur 16 km nordwestlich, erlaubt bei fast jedem Wetter einen ❗ Blick aus der Vogelperspektive über Chiang Mai. Knapp unter dem Gipfel liegt der

Nordthailand Ausflüge von Chiang Mai

Thailands berühmtester Tempel: der Wat Phra That Doi Suthep

Wat Phra That Doi Suthep, Nordthailands berühmtester Tempel. Man erzählt, dass ein heiliger weißer Elefant die Stelle ausgesucht habe, an der im 14. Jh. der Tempel gegründet wurde. **50 Dinge** ㉖ › **S. 15.** Die vier Ecken der Umfassungsmauer werden von filigranen zeremoniellen Schirmen im birmanischen Stil markiert. Die würfelförmigen Sockel zieren goldene Elefanten- und Löwenreliefs. Der goldene Chedi birgt eine Buddhareliquie.

Wenn Sie der Straße weitere 4 km folgen, erreichen Sie den eher unspektakulären **Phuping-Palast** der königlichen Familie.

Tempel, Palast und ein Hmong-Dorf liegen im rund 260 km² gro-ßen **Doi Suthep National Park,** der mit bequemen Wanderwegen im üppigen Wald mit artenreicher Vogelwelt lockt – über 300 verschiedene Arten sind vertreten.

Eine Schotterstraße führt vom Phuping-Palast 3 km weiter in ein Dorf des **Hmong-Volkes,** dessen Bewohner ausschließlich vom Souvenirverkauf leben. Sofern Sie nicht weiter nach Norden fahren oder gar auf Trekkingtour gehen wollen, ist hier die bequemste Möglichkeit zum Besuch eines Bergvolks.

Anreise

Songtaeos fahren von der Chiang Mai University und dem Chang Phueak Gate bis zum Parkplatz am Fuß des Berges, ab dort **Tramfahrt** (oder 309 Stufen) hinauf zum Tempel.

Mae Sa Valley ③ [A2]

Sollte Ihnen der Sinn nach einem touristischen Rundumschlag stehen, buchen Sie eine Tagestour in das weite Tal 15 km nördlich von Chiang Mai. Hier ist, wohlgefällig und sehr kommerziell, alles zu finden, was den Klischees von Nordthailand entspricht: Elefanten, Schlangenshow, Orchideenfarm, Schmetterlingszucht, Bergvolkdörfer, Parks, Wasserfälle, dazu viele Restaurants und Souvenirläden.

Doi Inthanon ④ [A2]

Deutlich abenteuerlicher und wegen der wunderbar kurvigen Straße vor allem mit dem Motorrad reizvoll ist die Fahrt auf Thailands höchsten Berg, dessen Gipfel in 2595 m Höhe meist in dichten Ne-

Karte S. 114

Wat Phra That Lampang Luang **Nordthailand**

bel gehüllt bleibt. Im Visitor Center des Nationalparks erhalten Sie einen Lageplan der Sehenswürdigkeiten, darunter drei Wasserfälle, Dörfer der Hmong und Karen und eine Tropfsteinhöhle. Die immergrüne Gipfelregion ab 1800 m, die eine Militärradarstation krönt, ist mit einer einzigartigen Flora und Fauna besonders attraktiv. Während der Wintermonate verkaufen die Bergvölker köstliche Erdbeeren.

Lamphun 5 [B2]

Wat Haripunchai, dessen vergoldeter Chedi in der Sonne gleißend funkelt, geht möglicherweise auf das 9. Jh. zurück. Zu bewundern ist auch ein riesiger Bronzegong, den Sie schlagen und sich dabei etwas wünschen dürfen. Der **Wat Cham Thevi** besitzt die beiden einzigen erhaltenen Chedis der gesamten Dvaravati-Epoche aus dem Jahr 1218.

Wat Phra That Lampang Luang 6 [B2]

Mit ihrer Spiralform und den prachtvoll glänzenden Goldverzierungen sind die bunten Tempel von **Lampang** ein ❗ Paradebeispiel birmanischer Architektur in Thailand. Nordthailands großartigster Wat schlummert im Bezirk Ko Kha vor sich hin und ist mit öffentlichen Transportmitteln kaum zu erreichen (ab Lampang ausgeschildert). Die altertumsschiefe Anlage ruht wie eine Festung ummauert auf einem Hügel. Einer der Viharn aus dem 15. Jh. zeigt die älteste erhaltene Teakstruktur Thailands. Aus der gleichen Zeit stammen einige der Wandmalereien. Lage wie Gebäude vermitteln eine so schaurig-schöne Stimmung, dass die weite Anreise auch für jene lohnt, die sich sonst nichts aus Tempeln machen. Die Anlage schließt gegen 17 Uhr.

28 km nördlich von Lampang liegt am Hwy 11 das **Elephant Conservation Centre** 7 › S. 145.

Mae Hong Song 8 [A2]

Die alte Shan-Stadt mit vielen kleinen Teakholzhäusern, ❗ turbulentem Morgenmarkt (Sihanatbamrung Rd.) und einem fulminanten Schmuggelhandel hat sich trotz des Touristenandrangs ein einzigartiges Bild bewahrt. Auf einem Hügel über dem Tal erhebt sich der **Wat Doi Kong Moo** mit einer hochverehrten Buddhastatue aus weißem Marmor. **50 Dinge** ㉘ › S. 15. Im Ort selbst steht der **Wat Chong Kham.** Seine goldverzierten Chedis spiegeln sich in einem mit Wasserlilien bewachsenen See. Beide Tempel weisen mit den pagodenartigen Dächern shan-birmanischen Einfluss auf, wie so oft in Mae Hong Song.

Hotels
Fern Resort €€–€€€

30 Holzbungalows im Shan-Stil mit geschmackvollen Zimmern und Suiten. Das Bai Fern Restaurant serviert exquisites Essen. Ausflüge zu Bergvolkdörfern.

Erstklassig

Farbenfrohe Märkte

- Eine Orgie an Farben und Düften bietet der am Morgen besonders besuchenswerte **Talaad Pak Khlong:** Bangkoks Großmarkt für Blumen, Obst und Gemüse an der Memorial Bridge. › S. 74
- Auf dem **Chatuchak Market**, Bangkoks Megamarkt im Norden der Stadt, können neben Souvenirs auch die neuesten Kollektionen der jungen einheimischen Designer gekauft werden. › S. 68
- Der **Pahurat-Markt** in der Chinatown von Bangkok ist eine Fundgrube für Stoffe, darunter bunt gefärbte Seiden und fein gewebte Baumwollstoffe. › S. 74
- Der **Schwimmende Markt von Damnoen Saduak** ist ein Mekka für Fotografen, denn er ist geprägt durch das bunte Gewimmel von Booten auf den von Häusern gesäumten Kanälen, mit Sonnenschirmen, knackigfrischem Gemüse und Obst. › S. 75
- Der **Nachtmarkt von Hua Hin** ist mitten in der Altstadt genauso wie der bekannte Nachtmarkt in Chiang Mai eine wahre Augenweide und zudem ein Paradies für diejenigen, die auf Meeresfrüchte und Fisch stehen. › S. 87
- Der **Morgenmarkt von Mae Hong Song** verzaubert Touristen mit seinem altchinesischen Flair – die beste Zeit für einen Marktbesuch ist zwischen 6 und 9 Uhr. › S. 125

- Tel. 0 5368 6110
www.fernresort.info

The Residence@MaeHongSon €–€€
Komfortables dreistöckiges Haus mit sauberen hellen Zimmern und guten Bädern. Auch Familienzimmer.
- 41/4 Nivet Pisarn Rd.
Tel. 0 5361 4100
www.theresidence-mhs.com

Sarm Mork Guest House €
Freundliches Guesthouse mit drei Bungalows und kleinem Restaurant.
- 16/1 Chamnarn Stit Rd.
Tel. 0 5361 2122
www.sarmmorkguesthouse.com

Restaurants

Am **Night Bazaar** gibt es gute Garküchen, hier können Sie auch an einem preiswerten Kantoke-Dinner mit Tanz- und Musikshow der Shan teilnehmen.

Nightlife

Wenn sich nachts der goldene Chedi im See spiegelt, wird in der **Lakeside Bar** frisch gezapftes Bier zu Countrymusik serviert – höchst vergnüglich.

Pai 9 ⭐ [A1]

Der Ort am gleichnamigen Fluss strahlt Entspanntheit aus, doch sorgen inzwischen Partys der jungen Rucksackreisenden für Unruhe und gelegentliche Konflikte mit der lokalen Ordnungsmacht. Pai ist ein idealer Ausgangspunkt für gute Trekkingtouren in die umliegenden Dörfer der Lisu, Lahu und Karen, für die Pai auch der zentrale Marktplatz ist.

Karte
S. 114

Pai **Nordthailand**

Pai ist der ideale Ort zum Entspannen und für Trekkingtouren in die malerische Umgebung

Vom **Wat Phra That Mae Yen** südöstlich von Pai bietet sich ein traumhafter Ausblick.

Hotels
Muang Pai Resort €€
Schöne Bungalowanlage mit Pool an einem plätschernden Bach, 7 km außerhalb. Gute Küche, herrliche Berglandschaft.
• Tel. 0 5327 0906
 www.muangpai.infothai.com

Rim Pai Cottage €€
Nette Bungalows in hübscher Gartenanlage am Fluss.
• Tel. 0 5369 9133
 www.rimpaicottage.com

Aktivitäten
Active Thailand
Viel gelobte Kajak- und Schlauchboottouren auf dem Pai.
• Tel. 0 5385 0160
 www.activethailand.com

Chiang Rai 10 [B1]

Thailands nördlichste Provinzhauptstadt eignet sich gut als Basis für Unternehmungen im Goldenen Dreieck. Drei hübsche Lanna-Tempel füllen einen Vormittag: Im **Wat Phra Kaeo** soll 1436 ein Blitz den unter einer Gipsschicht verborgenen Smaragdbuddha freigelegt haben. Eine Kopie des heute im Bangkoker Wat Phra Kaeo verehrten Nationalheiligtums › **S. 62**, aus einer etwas dunkleren Jade als der des Originals gefertigt, lässt sich hier aus nächster Nähe betrachten.

Gleich nebenan liegt **Wat Phra Singh** mit gewagten Schnitzereien im Portal des Viharns und auf einem Hügel am Stadtrand der älteste Tempel Chiang Rais aus dem 12. Jh., **Wat Phra That Chomthong**. Von hier aus haben Sie einen schönen Ausblick über die Stadt und den Kok-Fluss.

Nordthailand Chiang Rai

Info
Tourism Authority of Thailand (TAT)
Für die Provinz Chiang Rai wird in Guesthouses und Hotels die sehr gute **Guide Map of Chiang Rai** angeboten.
- Singhakai Rd. | Tel. 0 5371 7433

Anreise
Tgl. **Flüge** von/nach Bangkok, der **Bus** von Chiang Mai benötigt 3 Std.

Hotels
Dusit Island Resort €€€
Das erste Haus am Platze liegt auf einer Insel im Kok-Fluss.
- Kraisorasit Rd. | Tel. 0 5360 7999
  www.dusit.com

The Legend €€€
Schönes Boutique-Hotel etwas außerhalb des Stadtzentrums. ! Die besonders reizvollen Villen haben sogar Whirlpools. Spa, zwei Restaurants, kostenloser Shuttle zum Nachtbasar.
- Kohloy Rd. | Tel. 0 5391 0400
  www.thelegend-chiangrai.com

Wiang Inn €€
Sehr westliches Hotel mit Pool und Disco mitten in der Stadt.
- 893 Phaholyothin Rd.
  Tel. 0 5371 1533
  www.wianginn.com

Akha River House €
Für den sehr niedrigen Preis erstaunlich komfortable Zimmer am Fluss. Die Besitzer gehören zum Volk der Akha und organisieren Touren zu den Bergvölkern in der Umgebung.
- Kohloy Rd.
  Tel. 0 8999 75505
  www.akhahill.com

Mae Hong Son Guesthouse €
Alteingesessener Familienbetrieb in einem traditionellem Holzhaus. Freundlich, billig, aber durchaus spartanisch. Trekkingtouren werden organisiert.
- Singhakai Rd. | Tel. 0 5371 5367

Restaurants
C & C (Cabbages & Condoms) €€
Restaurant und Bergvolk-Museum. Der gebratene Fisch mit grünem Mangosalat ist sehr lecker.
- Thanalai Rd. | Tel. 0 5395 2312
  www.pda.or.th/chiangrai

Salungkham €
Tolle Thaiküche, abends auch im Garten.
- 834/3 Phaholyothin Rd.
  Tel. 0 5371 7192
  www.salungkham.com

Nightlife
In einer Reihe von Bierbars an der **Trapkaset Plaza** zwischen Wangcome Hotel und Clocktower amüsiert sich ein bunt gemischtes Publikum.

Shopping
Nur wenige Stücke aus dem Angebot der **Antiquitätenshops** entlang der Hauptstraße sind wirklich echt. Zwischen Phaholyothin Rd. und Busbahnhof liegt ein kleiner **Nachtbasar**.

Goldenes Dreieck [11] [B1]

Chiang Saen ist ein nettes verschlafenes Nest in Dschungelumgebung am Mekong. Die Ruinen etlicher Tempel künden von einer ruhmreichen Vergangenheit der möglicher-

Goldenes Dreieck, Mae Sai **Nordthailand**

Mae Sai im Goldenen Dreieck ist Thailands nördlichste Stadt

weise ältesten Stadt Nordthailands. Gut erhalten sind zwei Anlagen aus dem 14. Jh.: **Wat Phra That Chedi Luang** mit einem ungewöhnlichen achteckigen Chedi und **Wat Paa Sak** mit stark birmanischem Einschlag.

In **Sob Ruak**, 10 km weiter nördlich, ziehen der Ruak und der Mekong die Grenzen zwischen Thailand, Myanmar (Birma) und Laos: das Goldene Dreieck gewissermaßen auf den Punkt gebracht. Zur Geschichte des Schlafmohnanbaus und seiner Folgen wetteifern zwei Ausstellungen: die **Hall of Opium** und das **House of Opium**. Da ❗ das grandiose Panorama viele Touristen anzieht, gibt's hier natürlich zahllose Souvenirstände.

Hotel
Anantara Golden Triangle €€€
Geschmackvolle Nobelbleibe mit Elefantenreitstall gleich vor der Tür.

• Chiang Saen | Tel. 0 5378 4084
http://goldentriangle.anantara.com

Mae Sai 12 [B1]

Thailands nördlichste Stadt ist durch eine Brücke über den Ruak mit Myanmars Grenzort **Tachilek** verbunden, der früher wegen seiner Heroinraffinerien berüchtigt war. Tagesbesuche sind ohne größere Formalitäten möglich. Die Märkte auf beiden Seiten der Grenze gehören zum Lebendigsten, was Südostasien zu bieten hat. In Tachilek werden hauptsächlich birmanisches Kunstgewerbe und chinesische Konsumgüter verscherbelt. In **Mae Sai** hingegen, in den Seitenstraßen hinter dem Mae Sai Hotel, blüht der Handel mit ungeschliffenen birmanischen Rubinen. Kaufen sollten hier nur Experten. Einige Kilometer südlich Richtung Chiang Rai liegt

Nordthailand Doi Tung, Mae Salong

abseits der Straße (ausgeschildert) die von einem Fluss durchzogene, lang gestreckte Höhle **Tham Luang**. Für Begehungen können Sie vor dem Höhleneingang einen Führer engagieren, eine gute Taschenlampe sollten Sie dennoch mitbringen.

Hotels

Wang Thong €€€
Betonklotz mit Pool und Blick auf die Grenzbrücke.
• Phaholyothin Rd. | Tel. 0 5373 3388

Mae Sai Guesthouse €
Links von der Brücke am Flussufer mit wunderbarem Grenzblick.
• Tel. 0 5373 2021

Doi Tung 13 [B1]

Vom Dorf Huay Krai führt eine gut ausgebaute Straße vorbei an Dörfern der Akha und Lahu auf den 1420 m hohen »Flaggenberg«. Die beiden Chedis des **Wat Phra That Doi Tung** auf der Kuppe, den insbesondere die Shan hoch verehren, wurden 911 errichtet, und angeblich hisste man auf dem Gipfel zur Einweihung riesige Fahnen.

Wenn Sie nicht ängstlich sind und es noch ein Stück weiter zum Gipfel des **Doi Chang Mub** schaffen, werden Sie bei gutem Wetter mit einer fantastischen Aussicht – im Norden bis nach China – belohnt. Oben können Sie auch die Ruhe zwischen den Bäumen des Mae Fah Luang Arboretum genießen.

Mae Salong 14 [B1]

Im ehemaligen Hauptquartier der Kuomintang-Soldaten, die sich hier nach ihrer Flucht ansiedelten, leben ihre letzten Vertreter und Nachkommen noch immer: Mae Salong (auf Thailändisch Santikhiri) ist eine faszinierende Insel konservativer chinesischer Kultur mitten in Thailand. Umgeben von Pfirsich- und Litschiplantagen erstreckt sich der kleine Flecken entlang einer hohen Kuppe und bietet eine wunderbare Aussicht auf ein Hügelmeer.

Mae Salong ist ein viel besuchter Marktplatz der Bergvölker der Umgebung. Scharenweise kommen täglich Lisu, Akha und Lahu, um hier ihre Feldfrüchte anzubieten. Schon wegen der Sonnenauf- und -untergänge sollten Sie hier mindestens eine Nacht verbringen. In einem Mausoleum über dem Ort ruht General Tuan, der die weiten Täler einstmals beherrschte. Alte Kampfgefährten halten die Ehrenwache.

Wat Thaton im gleichnamigen Ort thront auf einem Aussichtshügel

Karte S. 114

Thaton, Sukhothai **Nordthailand**

Blick vom Maekok River Village Resort auf den Fluss

Hotel
Maesalong Little Home €–€€
Kleines sauberes Guesthouse, leckere chinesische Küche.
- 31 Moo 1 Maesalongnork
  Tel. 0 5376 5389
  www.maesalonglittlehome.com

Thaton 15 [B1]

Der Grenzort wird von einem kolossalen weißen Buddha überragt. Hier fließt der Kok-Fluss nach Thailand hinein. Die Aussicht vom **Wat Thaton** ist famos.

Hotel
Maekok River Village Resort €€
Schöne Anlage aus Teakholz am Fluss. Pool, Sauna, Koch- und Massageschule. Alle Akivitäten der Region im Angebot.
- Tel. 0 5305 3628
  www.maekok-river-village-resort.com

Aktivitäten
Abenteuerlustige können eine Boots- oder Floßfahrt von Thaton nach Chiang Rai machen. Die Boote fahren am späten Vormittag und brauchen rund 5 Std., die Flöße legen am Morgen ab und brauchen 1–3 Tage. Buchen kann man in sämtlichen Unterkünften von Thaton.

Sukhothai 16 [B3]

Seitdem die Stadt (»Morgenröte der Glückseligkeit«) im 13. Jh. Hauptstadt des ersten großen Thai-Reiches wurde, war sie Schauplatz mehrerer Kriege. Außerdem hat der Zahn der Zeit nachhaltig an den Gemäuern genagt. 12 km außerhalb der heutigen Stadt sind knapp 100 Ruinen erhalten, verstreut im **Sukhothai Historical Park,** die einen guten ❗ Eindruck von der früheren Pracht der Metropole vermitteln.

Nordthailand Sukhothai

Der einstige Königstempel Wat Mahathat in Sukhothai

Tagsüber pendeln Busse zwischen der Neustadt und dem Parkeingang, wo Sie Fahrräder mieten können und einen Lageplan erhalten. Ein paar Stunden lohnen, um das riesige Gelände per Drahtesel zu erkunden (tgl. 6.30–18 Uhr).

Das **Ramkhamhaeng Museum** am Eingang ist eine gute Einstimmung (tgl. 9–16 Uhr). Folgende Bauwerke sollten Sie danach auf jeden Fall ansteuern: **Wat Mahathat,** den Königstempel, mit mächtigen Säulenreihen, einem Haupt-Chedi im typischen Sukhothai-Stil mit erhaltenem Fries und mehreren Buddhastatuen. **Wat Phra Phai Luang** im Khmer-Stil war möglicherweise das Zentrum einer noch älteren Khmer-Siedlung; einer von ursprünglich drei Prangs steht noch. Die erhaltenen Reliefs zeigen sowohl buddhistische als auch hinduistische Motive. Eine ähnliche Mischung findet sich im kleineren **Wat Sri Sawai,** dessen drei Prangs restauriert wurden. Der eher unbedeutende **Wat Sorasuk** hat ein wieder hergestelltes Elefantenrelief.

Am eindrucksvollsten ist der etwas außerhalb gelegene **Wat Sri Chum** mit dem gewaltigen sitzenden Buddha Phra Atchana, der den fast würfelförmigen Mondop regelrecht zu sprengen scheint. Die Statue wird hoch verehrt, widerstehen Sie daher der Versuchung, für ein Erinnerungsfoto auf den Sockel zu klettern. **50 Dinge** ㉙ › S. 15.

Anreise

- **Flugzeug:** zweimal tgl. mit Bangkok Air von/nach Bangkok.
- **Bus:** Verbindungen alle ½ Std. mit Phitsanulok (1 Std). Der Bus nach Bangkok benötigt 7 Std.
- Zwischen New Sukhothai und Old Sukothai verkehren **Songthaeos**.

Karte S. 114

Si Satchanalai **Nordthailand**

Hotels

Sollten Sie **Loy Krathong** › S. 37 in Sukhothai erleben wollen, müssen Sie die Unterkunft Monate im Voraus reservieren.

Tharaburi Resort €€€
Kleines, sehr schickes Verwöhnhotel mit nur 12 elegant eingerichteten Zimmern. Die Suiten haben sogar private Pavillons. Pool sowie ❗ Restaurant mit feiner authentischer Thai-Küche.
- 113 Srisomboon Rd. | Tel. 0 5569 7132
  www.tharaburiresort.com

Ananda Museum Gallery Hotel €€–€€€
Besonders luxuriöse Unterkunft mit Kunstgalerie. Sehr elegante Zimmer im minimalistischen Stil, mit Gartenrestaurant Celadon.
- Mueang Sukhothai District
  Tel. 0 5562 2428
  www.ananda-hotel.com

Lotus Village €€
❗ Bildhübsche Gartenanlage mit Teakhäusern an Lotusteichen, unter französischem Management. Häufig ausgebucht. Mit Spa.
- 170 Ratchathani Rd. | Tel. 0 5562 1484
  www.lotus-village.com

Sawasdipong Hotel €€
Angenehmes Provinzhotel mit guten Zimmern in zentraler Lage.
- 56/2-5 Singawat Rd. | Tel. 0 5561 1567
  www.sawasdipong.com

Banthai Guesthouse €
Nettes preiswertes Guesthouse mit guter Küche und familiärer Atmosphäre. Organisiert Radtouren und Begegnun-

Im Wat Sri Chum

gen mit den Menschen in den Dörfern und Reisfeldern.
- 38 Prawet Nakhon Rd.
  Tel. 0 5561 0163
  http://banthaiguesthouse.wix.com/banthaiguesthouse

Restaurants
Dream Café €€
Eine perfekte Mischung aus Museum, Kneipe und Restaurant. Liebevoll gestaltet, mit hervorragendem Essen, darunter eine Auswahl thailändischer Kräuterschnäpse *(lao ya dong)*.
- schräg gegenüber dem Northern Palace Hotel | Tel. 0 5561 2081

Mai Krang Krung €–€€
Vorzügliche regionale Spezialitäten, serviert auf Bananenblättern.
- 139 Charot Withithong Rd.
  Tel. 0 5562 1882

Si Satchanalai 17 [B3]

Zum Weltkulturerbe von Sukhothai gehören auch die Tempelstädte Si Satchanalai (60 km nördlich) und Kamphaeng Phet › **S. 134** (etwa 100 km südlich). Beide Stätten se-

Nordthailand Si Satchanalai

> **!Erst-klassig**
>
> ### Die schönsten Tempelanlagen
>
> - **Wat Phra Kaeo** in Bangkok: Die farbenfrohen Ramakien-Fresken warten in Thailands berühmtestem Tempel. › **S. 62**
> - **Wat Pho** in Bangkok: Der größte und älteste thailändische Tempel beeindruckt als Gesamtkomplex und in den Details. › **S. 64**
> - **Wat Benchamabophit** in Bangkok: Synthese zwischen östlichem Buddhismus und westlicher Sakralkunst. › **S. 65**
> - **Wat Phra That Lampang Luang** südöstlich von Chiang Mai: Mystische Stimmung in einer altersschiefen Tempelfestung mit schönen Wandmalereien und dem ältesten Holzbau Thailands. › **S. 125**
> - **Sukhothai** mit fast 100 Tempelruinen und riesigen Buddhastatuen erinnert an die »Morgenröte der Glückseligkeit« vor 500 Jahren. › **S. 131**
> - **Wat Phra Si Ratana Mahatat** in Phitsanulok: Millionenfach kopiert, auf ewig unerreicht ist der Buddha mit Flammenkranz. › **S. 135**
> - In Ayutthaya kündet der **Wat Phra Si Sanphet** mit seinen drei Chedis von der großen Zeit des Königreichs von Siam. › **S. 138**
> - **Prasat Hin Phimai** nordöstlich von Khorat: Meisterwerk der Khmer-Baumeister, noch vor Angkor Wat vollendet. › **S. 142**

hen weniger Besucher als Sukothai und wirken in ihrem leicht überwucherten Zustand um einiges geheimnisvoller.

39 Stuckelefanten bewachen als Glückssymbole den **Wat Chang Lom** im Zentrum von Si Satchanalai: ein glockenförmiger Chedi in singhalesischem Stil auf quadratischem Sockel. In einer Nischenreihe rund um die obere Terrasse sitzen Buddhafiguren. Südlich davon liegt der **Wat Chedi Chet Thaeo**, um dessen zentralen lotusförmigen Chedi sich viele kleinere Pagoden in verschiedenen Stilformen gruppieren. In den bröckelnden und zerfallenden Mauern des **Wat Mahatat**, eines Prangs aus dem 15. Jh. mit Stilelementen der Khmer-Architektur, steht ein besonders berühmter schreitender Buddha, während im **Wat Khao Phanom** ein sitzender Buddha, ein Chedi und Säulen eines eingestürzten Viharn erhalten sind. Auch in Si Satchanalai empfiehlt es sich, am Eingang ein Fahrrad zu mieten.

Hotel

Papong Homestay €
Nette Privatunterkunft bei englischsprachiger Besitzerin.
- Nähe Archäologisches Museum
  Tel. 0 5563 1557

Kamphaeng Phet 18 [B4]

Ganz ähnliche Bilder wie Si Satchanalai vermittelt der **Kamphaeng Phet Historical Park** (tgl. 7–18 Uhr). Der aus Sandstein errichtete, größten-

Kamphaeng Phet, Phitsanulok **Nordthailand**

Im Wat Phra Si Ratana Mahatat in Phitsanulok

teils zerbröckelte **Wat Phra Kaeo** mit Chedi im singhalesischen Stil bewahrte einst den berühmten Smaragdbuddha, der heute im gleichnamigen Tempel in Bangkok › **S. 52** zu sehen ist. Im benachbarten **Kamphaeng Phet National Museum** werden einige schöne Bronzestatuen hinduistischer Gottheiten gezeigt. Weiter außerhalb liegen die Ruinen von Aranyik. Hier findet man den **Wat Chang Rob,** dessen Sockel Elefantenstatuen aus Laterit umringen, die gleichsam den kaum noch erhaltenen Chedi zu tragen scheinen.

Phitsanulok 19 [C4]

Die moderne, zweitgrößte Stadt Nordthailands am Nan River besitzt mit dem **Wat Phra Si Ratana Mahatat** einen der schönsten Tempel des Landes. Er markiert den Übergang vom Sukhothai- zum Ayutthaya-Stil. Im prachtvollen Viharn thront Phra Buddha Chinnarat, die berühmteste Statue der Sukhothai-Zeit: Die vergoldete Bronze mit Flammenkranz ums Haupt in geradezu hypnotischer Schönheit zieht täglich Tausende von Pilgern aus ganz Thailand an, die Räucherstäbchen und Kerzen anzünden. Die Buddha Image Factory von Phitsanulok sorgt unermüdlich für Nachschub an Statuen des Erleuchteten.

Hotels
Pattara Resort & Spa €€€
Topmoderne Anlage mit nobel eingerichteten Zimmern, Fitnesscenter, Spa. Garten mit Seerosenteichen.
- 349/40 Chaiyanupap Rd.
  Tel. 0 5528 2966
  www.pattararesort.com

Rain Forest Resort €€
Holzbungalows inmitten üppiger Vegetation, mit gutem Restaurant. Arrangiert Rafting und Elefantentrekking.
- Mittaphap Rd. | Tel. 0 5529 3085
  www.rainforestthailand.com

ZENTRAL- UND OSTTHAILAND

Kleine Inspiration

- **In den Ruinen von Ayutthaya** die einstige Pracht des Königreichs bewundern › S. 138
- **Im Khao Yai National Park** nach den Spuren der seltenen Tiger suchen › S. 140
- **Beim Elefantenfestival in Surin** über die grazilen Bewegungen der Dickhäuter staunen › S. 143
- **In den Dörfern um Surin** wunderschöne Seidenstoffe einkaufen › S. 143

Karte S. 139

Tour 10

Zentral- und Ostthailand

Im Norden von Bangkok liegt die mächtige Ruinenstadt Ayutthaya. Weiter östlich lockt die Provinz Isaan mit fast tausend Jahre alten Tempelanlagen der Khmer und dem faszinierenden Khao Yai National Park.

Die Ruinenstadt **Ayutthaya** und der Sommerpalast **Bang Pa In** liegen nur einen Tagesausflug von Bangkok entfernt. Am stilvollsten ist die Anreise per Reisbarke auf dem Chao Phraya. Von Ayutthaya erreicht man in wenigen Stunden den Isaan, wie die Thais den Nordosten nennen. Mehr als ein Jahrtausend lang haben sich hier Sprache und Kultur von Thais, Lao und Khmer vermischt. Die beiden Tempelanlagen der Khmer, **Prasat Hin Phimai** und **Prasat Phanom Rung,** nahe der Provinzhauptstadt Khorat lohnen den Besuch, und im wilden **Khao Yai National Park,** durch den noch Tiger, Leoparden und Elefantenherden streifen, sind Trekkingfans in ihrem Element.

Tour in der Region

Königspaläste und Khmer-Tempel

Route: Bangkok › Bang Pa In › Ayutthaya › Khorat › Prasat Hin Phimai › Prasat Phanom Rung › Khao Yai National Park

Karte: Seite 139
Dauer und Länge: 1 Woche, ca. 800 km
Praktische Hinweise:
- Per Flussfahrt bis Ayutthaya, dann mit Bus, Bahn und Songthaeo.
- Den Transport zu den Khmer-Tempeln und im Nationalpark organisieren Unterkünfte und Reisebüros.

Sommerpalast in Bang Pa In

Tour-Start:

Besonders schön sind die Fahrten inklusive Übernachtung von Bangkok nach **Ayutthaya** 1 › S. 138 mit zu Kreuzfahrtschiffen umgebauten, komfortablen Reisbarken › S. 75, wobei Sie auch den königlichen Sommerpalast **Bang Pa In** 2 › S. 140 besuchen. Eilige steigen dagegen schon um 6 Uhr früh in Bangkok in den ersten Zug oder Bus. Im Morgenlicht sind die Ruinen von Ayutthaya nämlich am schönsten. Machen Sie gegebenenfalls am frühen Nachmittag mit dem Songthaeo einen Ausflug nach Bang Pa In, um danach Ayutthaya im milden Abendlicht zu erleben. Nach einer Übernachtung fahren Sie mit dem Zug oder Bus in etwa drei Stunden nach **Khorat** 4 › S. 141 und mit dem Bus gleich weiter nach Phimai

(1 Std.). So sehen Sie die Khmer-Anlage **Prasat Hin Phimai** 5 › S. 142 noch im Abendlicht, übernachten in einem netten Guesthouse und bewundern die Ruinen noch einmal im Morgenlicht. Dann geht es mit dem Bus zurück nach Khorat und weiter in Richtung Surin. Steigen Sie in Nang Rong (ca. 2 Std.) aus und nehmen Sie ein Zimmer im charmanten Honey Inn › S. 143, das sich um den Transport zum **Prasat Phanom Rung** 6 › S 142 kümmert. Die Reisebüros von Khorat organisieren Ihnen den Besuch beider Tempelanlagen auch an einem Tag. Wieder zurück in Khorat fahren häufig Busse und Züge nach Pak Chong (ca. 2 Std.). Von dort geht es mit öffentlichen Songthaeos in den grandiosen **Khao Yai National Park** 3 › S. 140. Von den Unterkünften hier wird das Entdeckungsprogramm organisiert.

Zentral- und Ostthailand

Ayutthaya 1 ⭐ [C5]

Europäische Reiseberichte des späten 17. Jhs. rühmen die 1350 von König Ramathibodi gegründete Hauptstadt des Ayutthaya-Reichs in höchsten Tönen. Unter König Narai, der 1657 den Thron bestieg und beste Beziehungen zum Versailler Hof pflegte, zählte Ayutthaya eine Million Einwohner – mehr als das damalige Paris des Sonnenkönigs. Architektonische Einflüsse aus Europa und China sind nicht zu übersehen. 1767 brannten birmanische Truppen Ayutthaya nieder und Siams Hauptstadt wurde nach Süden ins heutige Bangkok verlegt.

Im **Ayutthaya Historical Study Centre** (tgl. 8.30–16.30 Uhr) ausgestellte Modelle und erhältliche detaillierte Lagepläne geben einen Überblick über die Tempelruinen des von Wasser umschlossenen **Ayutthaya Historical Park** (Weltkulturerbe). Man erkundet das weitläufige schattenlose Areal am besten frühmorgens mit einem Fahrrad (vor Ort zu mieten).

Im einstigen Königspalast finden Sie den 1491 errichteten ❗ Haustempel der Könige, den **Wat Phra Si Sanphet,** der mit seinen malerischen drei Chedis zu den Hauptattraktionen von Ayutthaya zählt. Der nördlich davon gelegene **Wat Na Phra Men** ist als eines der wenigen Bauwerke Ayutthayas der Zerstö-

Wat Phra Mahatat in Ayutthaya

Karte S. 139

Tour 10

Zentral- und Ostthailand

rung entgangen. Sein reich verzierter Bot zeigt mit Torbogen, Säulenvorbauten und Giebeln den typischen Ayutthaya-Stil. Der kleinere Viharn neben dem Bot birgt einen sehr seltenen Buddha aus der Dvaravati-Zeit.

Im unscheinbaren, erst 1951 wieder aufgebauten **Viharn Phra Mongkhon Bophit,** gleich südlich des alten Palasts, thront eine der größten und heiligsten Statuen Thailands: ein vergoldeter Bronzebuddha mit Perlmuttaugen. Er wurde vermutlich im 16. Jh. gegossen und ist so schwer, dass selbst die Birmanen ihn nicht fortschleppen konnten.

In den Ruinen des aus dem 14. Jh. stammenden **Wat Phra Mahatat** weiter östlich entdeckt man einen abgebrochenen Buddhakopf, der vom Wurzelwerk eines Baums umschlossen ist.

Gleich gegenüber liegt der **Wat Ratchaburana,** unter dessen zentralem Prang 1957 ein Schatz aus Gold- und Bronzekunstwerken entdeckt wurde. Diese sind im hiesigen Nationalmuseum ausgestellt (Mi bis So 8.30–16 Uhr). Besonders kostbar ist ein vergoldetes Lackkabinett mit Perlmutteinlagen, das den buddhistischen Kosmos abbildet.

Unter den vielen weiteren Tempeln ist der **Wat Phanan Choeng** aus dem 14. Jh. im Khmer-Stil besonders zu erwähnen. Die vergoldete 20 m hohe Buddhastatue, die zu den größten des Landes gehört, zieht täglich zahllose Pilger an.

Info

Die Anlage ist tgl. 7.30–18.30 Uhr geöffnet (Sammelticket kaufen!), ab 19 Uhr ist sie in Flutlicht getaucht.
50 Dinge (27) › S. 15.

Tour in Zentral- und Ostthailand

Tour (10) **Königspaläste und Khmer-Tempel**
Bangkok › Bang Pa In › Ayutthaya › Khorat › Prasat Hin Phimai › Prasat Phanom Rung › Khao Yai National Park

Zentral- und Ostthailand — Ayutthaya, Bang Pa In

Im Khao Yai National Park

Anreise
- Von Bangkok mit **Zug** (Hualamphong Station) oder **Bus** (Skytrain bis Mochit Station) in 1½ Std. bzw. per **Flusskreuzfahrt** (mehr Infos dazu unter www.thairivercruise.com und www.manohracruises.com).

Hotels
Baan Thai House €€
Schönes Boutique-Resort mit Garten und 12 Bungalows im Thai-Stil.
- Pailing | Tel. 0 3525 9760
  www.baanthaihouse.com

Promtong Mansion €€
Ruhiges Guesthouse, freundliche Inhaber.
- 23 Pathon Rd. | Ayutthaya
  Tel. 0 3524 2459
  www.promtong.com

Restaurants
Am besten und preiswertesten isst man auf dem **Chao-Prom-Markt** und dem **Hua-Ror-Markt**. €

Bang Pa In 2 [C6]

Der 20 km südlich von Ayutthaya am Chao Phraya gelegene zauberhafte **Sommerpalast** – ein beliebter Halt von Flusskreuzfahrten – wurde im 17. Jh. errichtet und von König Rama V. Mitte des 19. Jhs. restauriert. Die Gebäude sind eine Mischung aus traditionellem Thai-Stil französischer Neorenaissance, viktorianischer Neugotik und chinesischem Pagodenstil. Der Pavillon im klassischen Rattanakosin-Stil ist ein bevorzugtes Motiv für Tourismusplakate (tgl. 8–16 Uhr).

Khao Yai National Park 3 [C5]

Auf über 2000 km² und in fünf Vegetationszonen zwischen 60 m und 1400 m leben zahlreiche Tierarten: Zu den Parkbewohnern zählen rund 200 Elefanten, ungefähr 50 Tiger und Leoparden sowie Goldkatzen, Nebelparder, Schwarz- und Malaienbären, diverse Affen- und Hirscharten, Pythons, Kobras sowie über 300 Vogelarten, darunter seltene Hornvögel. Das hügelig-bergige Areal besteht größtenteils aus undurchdringlichem tropischem Regenwald, in dem sieben Flüsse entspringen.

Die farbig und ausreichend markierten Wanderwege verlaufen streckenweise auf Wildwechseln. Seien Sie vorsichtig. Es gibt in Khao Yai unberührte Natur. Man kann am Visitor Center einen Guide engagieren (ca. 1200 Baht pro Tag), der zwar kaum Englisch spricht, aber die Wege auswendig kennt und Tiere wie Gefahren erheblich früher bemerkt. Für Fahrten entlang der

Karte S. 139

Khao Yai National Park, Khorat

Zentral- und Ostthailand

Straße (alles andere ist nicht erlaubt) vermietet die Parkleitung Wagen. Dicht an der Straße befindet sich der spektakuläre **Haeo-Narok-Wasserfall.** Der wuchtige Zaun davor wurde errichtet, weil dort mehrere Elefanten in den Tod stürzten.

Während Tiger und Kobras scheu sind, zeigen sich die gefährlichen Dickhäuter häufig an der Straße. Halten Sie einen Sicherheitsabstand! Begeisterte Parkbesucher berichten von geheimnisvollen Geräuschen am Gipfel nebliger Kuppen, vom schaurig-schönen Dunkel unter dichten Bambusdächern und von turnenden Affenhorden.

Info
Im **Visitor Center** (tgl. bis 18 Uhr) gibt es eine Skizze der Aussichtsplattformen, Wasserfälle, Wanderwege und Straße durch den Park. Preiswerte Restaurants findet man neben dem Center.

Anreise
Busse von Bangkok (Mochit 2) alle 30 Min. nach Pak Chong (200 km, 3 Std.), von dort **Pick-ups** (Songthaeos) bis zum Haupteingang des Parks (45 Min.) und weiter zum Visitor Center.

Hotels
Das Visitor Center vermittelt Holzhütte oder Zelt. Die sanitären Anlagen sind brauchbar, Schlafzeug müssen Sie selber mitbringen (im Winter einen Schlafsack, immer ein Moskitonetz).

Kirimaya Resort €€€
Das luxuriöseste Resort der Region, in wunderschöner Lage. Tolle Bäder, 18-Loch-Golfplatz und Spa.

- Tel. 0 4442 6000
  www.kirimaya.com

Khao Yai Garden Lodge €€
Am Rand des Parks, unter deutscher Leitung; gut geführte Touren. Arrangiert Transport von Bangkok.
  Tel. 0 4493 6352
  www.khaoyaigardenlodge.com

Khorat (Nakhon Ratchasima) 4 [D5]

Die Provinzhauptstadt gilt als Tor zum Nordosten. Ein vielverehrtes Denkmal vor dem alten Stadttor erinnert an die Lokalheldin Thao Suranaree, die 1826 mit vielen Frauen einen Überfall laotischer Truppen zurückschlug. Die Stadt, ein gutes Standquartier für Ausflüge zu den Khmer-Tempeln, ist ausgesprochen liebenswert.

Info
Tourism Authority of Thailand (TAT)
Stadtpläne von Khorat und Material zu den Khmer-Anlagen.
- neben dem Sima Thani Hotel
  Tel. 0 4421 3666

Anreise
- Von Bangkok mit dem **Zug** ab Bahnhof Hua Lamphong oder einem **Bus** ab Northern Terminal (ca. 4 Std.)

Hotel
Sansabai House €
Verblüffend preiswertes Hotel mit hellen, blitzsauberen Zimmern.
- 335 Suranari Rd. | Tel. 0 4425 5144
  www.sansabai-korat.com

Zentral- und Ostthailand Khorat, Prasat Hin Phimai

Restaurants

Auf dem **Nachtmarkt** vor dem Chomsurang Hotel kann man sich ! für eine Handvoll Baht den Magen mit nordöstlichen Spezialitäten vollschlagen.

Shopping

Das Dorf Dan Khwian stellt seit Jahrhunderten schlichte rostfarbene Keramik her. Dan Khwian liegt 15 km südöstlich von Khorat Richtung Chok Chai, Busse verkehren etwa alle 15 Min.

Pak Thong Chai ist für seine Seide berühmt. Im **Silk & Cultural Center** wird sie verkauft und ihre Herstellung demonstriert. Der Ort liegt 32 km südlich von Khorat, Busse fahren alle 30 Min. **50 Dinge** ㊲ › S. 16.

Anreise

- Der Tempel 60 km nördlich von Khorat im Ort Phimai ist per **Bus** ab Baw-Kaw-Saw-Terminal zu erreichen. Letzter Bus zurück um 18 Uhr.

Hotel

Boonsiri Guest House €
Charmante Unterkunft mit sauberen, tagsüber allerdings heißen Zimmern.
- Phimai | Tel. 0 4447 1159
  www.boonsiri.net

Restaurants

Besonders gut kocht das kleine Restaurant **Baiteiy** beim Pratoochai-Tor. Noch günstiger ist die leckere, sehr scharfe Isaan-Küche auf dem nahen **Nachtmarkt**. €

Prasat Hin Phimai 5 ⭐ [D5]

Trotz eindrucksvoller Ornamente und hellen Sandsteins wirkt das Gemäuer nicht verspielt wie thailändische Tempel; es fasziniert durch die düstere Klarheit der Khmer-Kunst.

Die Tempelanlage des 11. Jhs. ist ! Thailands größter Sandsteinbau, zählt zu den berühmtesten Werken der Khmer-Baumeister und wurde noch vor dem Weltwunder Angkor Wat vollendet. Ein 28 m hoher, wundervoll verzierter Prang wird von zwei Nebengebäuden flankiert. Rundherum laufen eine Mauer und eine Galerie, in jeder Himmelsrichtung von einem Tor durchbrochen. Die Reliefs lassen vermuten, dass Phimai Buddhisten und Hindus als Heiligtum diente.

Prasat Phanom Rung 6 [E5]

Die Restaurierung von Thailands größter Khmer-Tempelanlage wurden von einem spektakulären Kriminalfall begleitet: Der Reliefstein über dem Haupteingang des Zentralgebäudes verschwand in den 1960er-Jahren und tauchte in einem Chicagoer Museum wieder auf. Mit Geldern aus privaten Spenden wurde das kostbare Stück 1988 zurückgekauft. Sechs mutmaßlich in den Diebstahl verwickelte Thais starben derweil eines unnatürlichen Todes.

Der Komplex (10.–13. Jh.) aus der Blütezeit der Angkor-Periode ruht majestätisch auf einem 400 m hohen erloschenen Vulkan, von dem man die Ebene von Khorat bis zu den Dongrak-Bergen überblickt.

Karte S. 139 — Prasat Phanom Rung, Surin — **Zentral- und Ostthailand**

Der Weg zum Zentralbau führt über eine 160 m lange, von Lotospfeilern gesäumte Allee sowie die einzigen in Thailand erhaltenen Naga-Brücken › **S. 35**. Die Shiva geweihte Anlage ist nach Osten in Richtung Angkor Wat ausgerichtet, sodass alljährlich am 13. April, zum Neujahrsfest, die aufgehende Sonne durch alle 15 Portale fällt. Dann feiern die Einheimischen mit Tanzdramen und einer nächtlichen Show.

Elefantenfestival in Surin

Anreise
- **Bus** von Khorat Richtung Surin, ab Nang Rong (ca. 120 km) per **Motorradtaxi**. Fahrer vor Ort warten lassen.

Hotel
Honey Inn €
Saubere Zimmer bei einer englischsprachigen Lehrerin, die köstlich kocht. Der Transport zum 26 km entfernten Prasat Phanom Rung kann organisiert werden.
- Nang Rong
  Tel. 0 4462 2825
  www.honeyinn.com

Surin 7 [E5]

Im November steht Surin wegen des **Elefantenfestivals** im Mittelpunkt des öffentlichen thailändischen Interesses. Das Round-up der Dickhäuter ist ein Riesenereignis: Schon am Bahnhof werden Sie von einer lebendigen grauen Mauer empfangen. Sie können ein Elefantentaxi zum Hotel nehmen. Informationen beim regionalen TAT-Büro unter Tel. 0 4421 3666.

Hotel
Thong Tarin Hotel €€
Erstes Haus am Platze, das Sie wie alle Unterkünfte vor Ort fürs Elefantenfest rechtzeitig buchen sollten.
- Chitbamrung Rd.
  Tel. 0 4451 4281
  www.thongtarinhotel.com

Restaurants
Der **Zentralmarkt** ist 24 Std. geöffnet, abends wird hier heftig gebrutzelt.

Shopping
In **Ban Tha Sawang**, 10 km nordwestlich von Surin, und den Nachbardörfern werden Gold und Silberperlen, aber auch Seidenstoffe hergestellt, die mit ursprünglichen Designs zu den besten des Landes zählen. Busse dorthin fahren in einer Gasse etwa 100 m vor dem Bahnhof ab.

> **SEITENBLICK**
>
> Sollte Ihnen der Sinn nach Elefanten außerhalb der Festivalsaison stehen, müssen Sie nach **Ban Ta Klang,** 58 km nördlich von Surin, wo viele der Festivaltiere trainiert werden.

SPECIAL

Rund um den sensiblen Rüssel

Bedroht ist eine der großartigsten Symbiosen zwischen Mensch und Tier, die wir je erlebt haben: nämlich jene zwischen den Thais und ihren Elefanten. Jahrhundertelang bildeten die gewaltigen Dickhäuter einen festen Bestandteil des siamesischen Alltags: Wie Galeeren die Weltmeere durchpflügten sie auf Überlandreisen die Dschungel, wie Panzer entschieden sie Völkerschlachten, wie Planierraupen rodeten sie Land, wie Lkws trugen sie wuchtige Lasten. Sie wurden bedichtet, besungen und gemalt.

Giganten-Schicksal

Doch mit dem Ende der großen Wälder schlug ihnen die Stunde. Schon bald fanden die arbeitslosen Tiere neue Jobs in der Touristenindustrie. Die rissige Haut, der ewig agile Rüssel, so sensibel und doch so unvorstellbar stark, die Lautlosigkeit des Ganges – hautnah erlebt, erweist sich der Elefant selbst für Einheimische immer wieder als Sensation. Doch die Verbindung von Tourist und Dickhäuter funktioniert meist schlecht. Die extrem schatten- und wasserbedürftigen Tiere gehen in Städten und an sonnendurchfluteten Stränden zugrunde. So schön der erste Ritt auf dem schwankenden Rücken auch sein mag: Die enorme Kraft und potenzielle Gefährlichkeit der Riesen macht die ständige Aufsicht des schützenden Mahout unabdingbar. Unter solchen Umständen ist es kaum möglich, die Kosten zu erwirtschaften, welche der kolossale Grünzeugbedarf den Haltern verursacht. Und so sparen sie, wo es am leichtesten fällt: bei der Versorgung.

Dickhäuter fröhlich und verspielt

Als Zeitungsmeldungen über verwahrloste und misshandelte Tiere

Elefanten SPECIAL

die Leser erschütterten und es vermehrt zu tragischen Unfällen kam, suchte die Nation nach besseren Lösungen: Das jährliche Elephant Round-up in Surin › **S. 143** vereint im November Hunderte von Tieren für eine Woche zu Spiel und Wettkampf: Fußball, Tauziehen, Staffellauf und ähnliche Dinge, an denen auch Elefanten Spaß haben. Bei dieser Gelegenheit treffen sie außerdem ihre lang vermissten Verwandten wieder. Weltweit sicherlich das größte Spektakel, wenn es um Elefanten geht. Allerdings sollten Sie frühzeitig buchen!

National Elephant Conservation Centre

Mit dem boomenden Tourismus entstanden landesweit kommerzielle Elefantencamps, die Profit machen wollen, und so kann von einer artgerechten Haltung nur in Ausnahmefällen die Rede sein, auch wenn natürlich überall das Gegenteil suggeriert wird. Tatsächlich hat Thailand es bis heute versäumt, Schutzgesetze zu erlassen, die für Haltung und Behandlung der bedrohten Riesen Mindeststandards fordern.

Das National Elephant Conservation Centre ist hier eine Ausnahme: Unter dem dichten Laubdach eines Waldschutzgebietes – also in ihrem natürlichen Lebensraum – führen Elefanten bei einer täglichen Show ihre vielfältigen Talente vor, von denen es offenbar noch etliche zu entdecken gilt. Unter den grauen Riesen hier gibt es wirkliche Künstler: Elefanten des Centre haben zwei CDs eingespielt und pinseln mit ihrem Rüssel abstrakte Bilder, die auf Auktionen schon stattliche Erlöse erbracht haben. Selbstredend kann man hier auch gut auf den Elefanten reiten: nämlich durch eine Teakplantage.

- **Thai Elephant Conservation Centre** [B2] › **S. 125**
  km 28 Lampang-Chiangmai Highway (Hwy. 11)
  Tel. 0 5482 9333
  www.thailandelephant.org
  Shows: Mo–Fr 10 und 11, Sa/So und feiertags 13.30 Uhr.

Elefanten für Eilige

- **Samphran Elephant Ground & Zoo** › **S. 75**, nicht weit von Bangkok entfernt. Hier wird täglich eine gute Show vorgeführt (13.45 und 15.30 Uhr, So auch 11.30 Uhr; Tel. 0 2295 2938).
- Täglich bis etwa 17 Uhr wird in **Ayutthaya** › **S. 138** Elefantenreiten angeboten, vorbei an den beeindruckenden Monumenten der ehemaligen Hauptstadt.

Kühles Plätzchen im Schatten gesucht!

EXTRA-TOUREN

Klappe hinten

Tour 11 | 12 **Extra-Touren**

Thailands Perlen in drei Wochen

Route: Bangkok › Ayutthaya › Phitsanulok › Sukhothai › Si Satchanalai › Lampang › Lamphun › Chiang Mai › Pai › Mae Hong Song › Phuket › Similan Islands › Phang Nga Bay › Krabi › Ko Lanta › Ko Phi Phi › Phuket

Karte: Klappe hinten

Distanzen:
Bangkok › Ayutthaya 1 Std. per Bus/Zug; Ayutthaya › Phitsanulok 3½ Std. per Bus/Zug; Phitsanulok › Sukhothai 1 Std. per Bus; Sukhothai › Si Satchanalai 1 Std. per Bus; Si Satchanalai › Lampang 3 Std. per Bus; Lampang › Lamphun 1 Std. per Bus; Lamphun › Chiang Mai ½ Std. per Bus/Taxi; Chiang Mai › Pai 3 Std. per Bus; Pai › Mae Hong Song 4 Std. per Bus; Mae Hong Song › Phuket ½ Tag Flug; Phuket › Krabi 2 Std. per Bus; Krabi › Phang Nga Bay 1 Std. per Bus; Krabi › Ko Lanta 2 Std. per Boot; Ko Lanta › Ko Phi Phi 2 Std. per Boot; Ko Phi Phi › Phuket 2 Std. per Boot

Verkehrsmittel:
Alle Landstrecken können mit Bussen und Zügen preiswert absolviert werden, Tickets für Fähren und Boote im Süden bekommen Sie auch kurzfristig am Pier. Billigflüge von Chiang Mai nach Phuket können Sie in den Reisebüros buchen.

Nehmen Sie sich drei Tage Zeit für **Bangkok** › **S. 57**, lernen Sie die berühmte Tempelanlage Wat Phra Kaeo mit dem Königspalast kennen, bewundern Sie die historischen Buddhas im nahen Nationalmuseum, überstehen Sie eine traditionelle Thai-Massage im Wat Pho mit seinem Ruhenden Buddha und genießen Sie den magischen Anblick des Wat Arun bei Sonnenuntergang. Nehmen Sie den abendlichen Trubel von Patpong und auf der Amüsiermeile Sukhumvit mit Humor, bummeln Sie durch Chinatown und die luxuriösen Einkaufstempel rund um den Siam Square. Auch für eine Bootsfahrt durch die Klongs sollten Sie sich ein bisschen Zeit nehmen. Am Nachmittag des 3. Tags können Sie mit der luxuriösen Reisbarke Mekhala auf dem Chao Phraya mit Übernachtung an Bord in die Ruinenstadt **Ayutthaya** › **S. 138** weiter tuckern, oder Sie fahren am 4. Tag frühmorgens mit dem Bus dorthin. Nach einer Übernachtung geht es am 5. Tag mit dem Zug nach **Phitsanulok** › **S. 135**, um im **Wat Phra Si Ratana Mahatat** dem vielleicht schönsten Buddha der Sukhothai-Zeit Reverenz zu erweisen. Mit dem Bus kommen Sie rechtzeitig in **Sukhothai** › **S. 131** an, um die einst als glückselig gepriesene Ruinenstadt im Abendlicht zu erleben. Nach einer Übernachtung und einer morgendlichen Tour durch Sukhothai mit dem Fahrrad fahren Sie am 6. Tag mittags weiter nach **Si Satchanalai** › **S. 133**. Die Tempelstadt gehört zum Weltkulturerbe von

Ein magischer Anblick – die Tempelanlage Wat Arun in Bangkok

Extra-Touren Tour 11: Thailands Perlen

Sukhothai, ist aber weniger restauriert und wirkt daher viel geheimnisvoller. Über Uttaradit fahren Sie anschließend mit dem Bus in die Stadt **Lampang** › **S. 125**, die Sie noch am Abend erreichen. Hier besuchen Sie am Morgen des 7. Tags mit dem **Wat Phra That Lampang Luang** einen der faszinierendsten Tempel Thailands. Am Nachmittag fahren Sie weiter mit dem Bus nach Chiang Mai, mit Halt in **Lamphun** › **S. 125**, um dort den nicht minder schönen **Wat Haripunchai** golden glänzen zu sehen. Am Abend stürzen Sie sich dann in den aufregenden Nachtmarkt von **Chiang Mai** › **S. 118**. Genießen Sie am Morgen des 8. Tags die Aussicht von Nordthailands berühmtestem Tempel **Wat Phra That Doi Suthep** › **S. 123** und bummeln Sie danach zu weiteren Tempeln in der Stadt. Shoppen können Sie in Chiang Mai bis in die Nacht. Am 9. Tag fahren Sie mit dem Bus auf einer atemberaubenden Bergstrecke nach **Pai** › **S. 126**. Hier oder im 4 Stunden Busfahrt entfernten **Mae Hong Song** › **S. 125** können Sie eine Trekkingtour zu den Dörfern der Bergvölker buchen.

Besonders im Winter werden Sie sich nach den frischen Nächten auf eine gute Woche Badeurlaub im Süden Thailands freuen. Von Mae Hong Song fliegen Sie am 12. Tag über Chiang Mai oder Bangkok nach **Phuket** › **S. 94**. Es folgen neun Tage Badeurlaub an den schönsten Stränden der Andamanenküste: drei Tage auf Phuket – evtl. mit Tagesausflug ins Taucherparadies **Similan Islands** › **S. 101**, dann fahren Sie nach einem morgendlichen Bootsausflug in die **Phang Nga Bay** › **S. 102** nach **Krabi** › **S. 102**, wo Ihnen der **Phra Nang Beach** die Sprache verschlagen wird, und schließlich warten noch einige ruhige Tage an den Stränden von **Ko Lanta** › **S. 104** auf Sie. Mit Halt auf **Ko Phi Phi** › **S. 103** geht es per Fähre zurück nach Phuket.

Kultur und Baden in zwei Wochen

Route: Bangkok › Chiang Mai › Lampang › Sukhothai › Phitsanulok › Ayutthaya › Bangkok › Ko Samui › Ko Phangan › Ang Thong Marine National Park › Bangkok

Karte: Klappe hinten
Distanzen:
Bangkok › Chiang Mai 12–14 Std. per Bahn; Chiang Mai › Lampang 1 Std. per Bus; Lampang › Sukhothai 4 Std. per Bus › Sukhothai › Ayutthaya 6 Std. per Bus/Zug (über Phitsanulok); Ayutthaya › Bangkok 1 Std. per Bus; Bangkok › Ko Samui 1 Std. Flug
Verkehrsmittel:
Busse und Züge. Den Schlafwagen von Bangkok nach Chiang Mai mindestens 24 Stunden im Voraus buchen (erledigen auch Reisebüros). Billigflüge von Bangkok nach Ko Samui und zurück gibt es auch kurzfristig. Noch günstiger ist ein Flug von Deutschland nach Ko Samui mit Unterbrechung des Hinflugs in Bangkok.

Klappe hinten — Tour 12: Kultur und Baden **Extra-Touren**

Sonnenschein und Badefreuden an der Andamanenküste von Phuket

Bei einem relativ gedrängten, aber noch bequem machbaren Tagesprogramm in **Bangkok** › **S. 57** lernen Sie die Prunkbauten der Altstadt Rattanakosin mit dem Wat Phra Kaeo und Königspalast, Nationalmuseum, Wat Pho und Wat Arun kennen. Abends geht es ins Nachtleben von Patpong und Sukhumvit Road. Den 2. Tag verbringen Sie mit einem Bootsausflug auf den Klongs, einem Bummel durch Chinatown und in den schicken Shoppingtempeln rund um den Siam Square. Am späten Nachmittag steigen Sie um 18 Uhr in den Nachtzug nach **Chiang Mai** › **S. 118**. Buchen Sie das untere Bett des Schlafwagens. Hier können Sie ein großes Fenster öffnen. Alternativ können Sie am nächsten Morgen das Flugzeug nehmen, was ebenfalls nicht teuer ist und nur eine Stunde dauert. Ein Taxi bringt Sie vom Bahnhof zum **Wat Phra That Doi Suthep** › **S. 123**, wo Sie die Aussicht genießen. Gegen Mittag des 3. Tags beziehen Sie in Chiang Mai ihr Hotelzimmer und erkunden danach die Tempel und Geschäfte der Stadt. Abends geht es auf den Nachtmarkt und zum Tanzen. Am 4. Tag fahren Sie mit dem Bus – mit Zwischenaufenthalt in **Lampang** › **S. 125** zur Besichtigung des **Wat Phra That Lampang Luang** – nach **Sukhothai** › **S. 131**. Hier verbringen Sie den Morgen des 5. Tags, fahren dann mit dem Bus nach **Phitsanulok** › **S. 135**, wo Sie einen Blick auf den berühmten Buddha im **Wat Phra Si Ratana Mahatat** werfen, bevor Sie um 15 Uhr in den Zug nach **Ayutthaya** › **S. 138** steigen (Ankunft ca. 18 Uhr). Hier übernachten Sie, genießen die erhabene Ruinenstätte im Morgenlicht des 6. Tags und fahren am Nachmittag mit dem Bus zurück nach Bangkok. Am 7. Tag fliegen Sie nach **Ko Samui** › **S. 105**. Erholen Sie sich ein paar Tage am schönen Chaweng Beach, machen Sie einen Bootsausflug nach **Ko Phangan** › **S. 110** und erkunden Sie den **Ang Thong Marine National Park** › **S. 110** per Kajak, bevor es mit dem Flugzeug wieder nach Bangkok oder direkt zurück nach Hause geht.

Infos von A–Z

Ärztliche Versorgung

Das Land verfügt über ein dichtes Netz an Krankenhäusern und qualifizierten Ärzten bzw. Zahnärzten in allen Provinzhauptstädten. Die Behandlungskosten sind von wenigen Nobelinstituten abgesehen niedrig. Die Ärzte sprechen Englisch. Medikamente sind in den Apotheken frei verkäuflich, darunter auch die gängigen Produkte internationaler Markenfirmen.

Höchst empfehlenswert ist eine Auslandsreisekrankenversicherung (die gesetzliche Krankenversicherung zahlt für Thailand nicht, privat Versicherte sollten nachfragen), die unbedingt den medizinisch notwendigen (noch besser: den medizinisch sinnvollen) Rücktransport im Notfall mit einschließen sollte.

Ausrüstung und Gepäck

Packen Sie leichte Sachen ein, auch längere Röcke, Hosen sowie T-Shirts mit kurzen Ärmeln, außerdem Mückenschutzmittel, Sonnencreme mit hohem Schutzfaktor, Sonnenhut und -brille sowie eine leichte Strickjacke für klimatisierte Räume wie Restaurants gehören ins Gepäck. Für Trekking in der Regenzeit Regenjacke sowie rutschfeste Schuhe nicht vergessen. Für längere Wanderungen oder Waldbesuche kann man Moskitonetz *(mung)*, Hängematte *(bae yuan)* und eine regensichere Plane *(pha kan fon)* auf jedem Provinzmarkt günstig kaufen.

Diplomatische Vertretungen

Thailändische Botschaften und Konsulate in Europa:
- Lepsiusstr. 64–66
  12163 Berlin
  Tel. 0 30/79 48 10
  http://www.visum-thailand.de/
- Cottagegasse 48 | 1180 Wien
  Tel. 01/4 78 33 35
  www.thaiembassy.at/en
- Löwenstrasse 42 | 8001 Zürich
  Tel. 043/3 44 70 00
  www.thai-consulate.ch

In Bangkok:
- **Deutsche Botschaft**
  9 South Sathorn Tai Rd.
  Tel. 0 2287 9000
  www.bangkok.diplo.de
- **Österreichische Botschaft**
  Q. House Lumpini Building,
  Unit 1801 | 18th Floor
  1 South Sathorn Rd.
  Tel. 0 2105 6710
  www.aussenministerium.at/bangkok
- **Schweizerische Botschaft**
  35 North Wireless Rd.
  Tel. 0 2674 6900
  www.eda.admin.ch/bangkok

Einreise

Touristen aus Deutschland, Österreich und der Schweiz können ohne Visum mit einem sechs Monate gültigen Reisepass einreisen, wenn sie nicht länger als 30 Tage im Land bleiben wollen. Für längere Aufenthalte muss ein Visum beantragt werden. Kinder benötigen einen eigenen Reisepass. Durch kurze Ausreise auf dem Landweg nach Kambodscha oder Myanmar (der sogenannte »Visa Run«, hierbei benötigt man kein Visum für die Nachbarländer) und erneute Einreise können Sie Ihre Aufenthaltsgenehmigung max. zweimal um zwei Wochen verlängern.

Elektrizität

220 Volt/50 Hz, ein Adapter für Flachstecker ist manchmal notwendig. Die meisten Anlagen haben kompatible Stecksysteme.

Flughafengebühren und Flugrückbestätigung

Flughafengebühren: Bangkok und Phuket international 700 Baht (meist im Ticketpreis enthalten), national 100 Baht, Ko Samui 400 Baht. Einige Fluggesellschaften verlangen noch eine telefonische Bestätigung des Rückflugs spätestens zwei bis drei Tage vor Abflug (lassen Sie sich unbedingt den »reconfirmation code« geben).

Fotografieren

Thais lassen sich meist gern fotografieren, bitten Sie aber vorher um Erlaubnis. In Gebieten mit muslimischer Bevölkerung sollte man sich zurückhalten. Vereinzelte Fotoverbote in königlichen Räumen, Tempeln, Museen u. ä. werden durch aufgestellte Schilder deutlich angezeigt. Speicherchips für Digitalkameras bekommen Sie in allen Touristenzentren.

Anmutige Tempeltänzerin

Geld, Währung und Umtausch

Die Landeswährung ist der **Baht**. Banken, größere Hotels und Wechselstuben tauschen im ganzen Land. Für den Tausch von Bargeld empfiehlt sich die Mitnahme von Euro oder Sfr. Überall im Land gibt es Geldautomaten (ATM). In allen Banken kann man mit Visa- und Mastercard Geld abheben, an vielen auch mit Cirrus- und Maestro-Karten (mit PIN wie in Deutschland), Gebühren: mind. 4,50 €. Einige Visakartenanbieter nehmen keine Gebühren. An Automaten kann man meist 10 000 Baht, bei manchen Banken max. 20 000 Baht abheben. In großen Hotels werden die gängigen Kreditkarten akzeptiert. Zur Sicherheit kann man auch Reiseschecks in Euro mitnehmen, pro Scheck ist eine Gebühr von 25 Baht zu entrichten.

Devisen dürfen uneingeschränkt ein- und ausgeführt werden, sind aber bei einem Gesamtwert von über 20 000 US-$ zu deklarieren. Landeswährung kann bis 50 000 Baht ausgeführt werden, höhere Beträge nur mit Deklaration.

Gesundheitsvorsorge

Impfungen sind nicht zwingend vorgeschrieben. Überprüfen Sie aber Ihren Impfschutz gegen Tetanus, Polio und Diphtherie. Impfungen gegen Typhus und Hepatitis A/B sind überlegenswert, wenn man sich länger in ländlichen Regionen Asiens aufhält.

Viele berüchtigte Tropenkrankheiten treten in Thailand gar nicht oder nur sehr selten auf, sodass Sie sich grundsätzlich keine Sorgen machen müssen. Nicht zu unterschätzen ist allerdings die Sonneneinstrahlung, weshalb Sonnenhut und -schutzmittel (ab Schutzfaktor 20) auch benutzt werden sollten. Umgekehrt es es dem Körper in klimatisierten Räumen schnell zu kalt, und er reagiert mit starken Erkältungen.

Trinken Sie kein Leitungswasser (Vorsicht bei zerstoßenem Eis, die zylinderförmigen Eiswürfel sind dagegen einwandfrei), und meiden Sie alles Rohe bzw. Ungeschälte.

Die Malaria ist in manchen Gegenden Thailands noch verbreitet. Mit Beginn der Dämmerung sollten Sie daher lange Hosen, langärmelige Hemden, Schuhe und Strümpfe tragen sowie Hände und

Nacken mit einem Mückenschutzmittel einreiben und evtl. unter einem Moskitonetz schlafen. Welche Malariaprophylaxe ggfs. sinnvoll ist, hängt wegen Resistenzen sehr von Ihrer Reiseroute ab. Lassen Sie sich von einem Tropenmediziner beraten. Neben Krankenhäusern gibt es im ganzen Land Malariazentren, wo die Krankheit sicher diagnostiziert und professionell behandelt wird. Wichtig: Die gefährlichste Form der Malaria kommt oft im Gewand einer schweren Erkältung daher. Bei grippeartigen Symptomen sollten Sie unverzüglich den Arzt aufsuchen – auch Monate nach Ihrer Rückkehr. In Südthailand besteht nur ein geringes Malariarisiko, Phuket und Ko Samui sind malariafrei.

In die Reiseapotheke gehören Medikamente gegen Erkältungskrankheiten, Sonnenbrand, Pilzinfektionen, Durchfall, Magenverstimmung sowie Pflaster, Verbandszeug, Mückenschutz- und Desinfektionsmittel.

Informationen
Thailändisches Fremdenverkehrsamt (TAT)
TAT hat in allen wichtigen Fremdenverkehrsgebieten Büros, die englischsprachiges Infomaterial haben, auch das Personal spricht meist Englisch.
- Bethmannstr. 58
  60311 Frankfurt/M.
  Tel. 0 69/1 38 13 90
  www.thailandtourismus.de

Kriminalität und Sicherheit
Auch wenn in den letzten Jahren Gewalttaten an Touristen zugenommen haben, ist die Zahl derartiger Vorkommnisse nach wie vor verhältnismäßig gering. Bei Eigentumsdelikten liegen die Dinge ein wenig anders. So sollten Gepäckstücke nicht unbeaufsichtigt am Busbahnhof herumstehen und Wertsachen nicht im Hotelzimmer liegen gelassen werden. Tragen Sie auch keine größeren Geldsummen bei sich. Gehobene Hotels verfügen über Zimmertresore, einfachere über Safety Boxes an der Rezeption.

Trickbetrug: Häufiger als Raub und Diebstahl sind Betrügereien und Übervorteilungen, an deren Anfang meist verlockende Einladungen oder Versprechungen stehen. Ein netter, Englisch sprechender Thai trifft Sie in der Nähe der Bootsanlegestelle und beschließt spontan, Sie zu einer Bootstour durch Bangkok einzuladen. Doch mitten auf dem breiten Chao-Phraya-Fluss fällt dem Unglücklichen auf, dass er seine Brieftasche verloren hat. Der Steuermann stellt den Motor ab, das Boot schaukelt bedenklich auf den Wellen. Natürlich zücken Sie die Börse, um ein Mehrfaches der üblichen Bootsmiete zu zahlen, womit das Paar ein Bombengeschäft gemacht hat.

Tuk-Tuk-Fahrer möchten Sie häufig gern in ein bestimmtes Geschäft mit Spottpreisen bringen. Oft sind Schmuckgeschäfte oder Restaurants das Ziel – v.a. Fischlokale, wo die Tierchen nach Gewicht bezahlt werden. Die Provision lockt, und Sie sollten gar nicht erst darauf reinfallen.

Kreditkartenmissbrauch erfolgt häufig, wenn die Karten in zweifelhaften Safes an der Rezeption der Unterkunft verwahrt oder für Bagatellgeschäfte aus der Hand gegeben werden.

Im tiefen Süden kommt es immer wieder zu blutigen Auseinandersetzungen zwischen Muslimen und staatlichen Sicherheitskräften. Für die südlichsten drei Provinzen (außerhalb des im Reiseführer beschriebenen Gebiets) gibt es sogar Reisewarnungen des deutschen Auswärtigen Amtes (www.auswaertiges-amt.de). Auch werden in letzter Zeit auf langen Busfahrten in den Süden häufig Diebstähle gemeldet.

Infos von A–Z

Notruf: Polizei 191 und 123, Touristenpolizei 1155 (Servicenummer), 1699, Feuerwehr 199.

Öffnungszeiten

Geschäfte haben ca. 7–20, Kaufhäuser tgl. 10–21 Uhr geöffnet, manche Supermärkte rund um die Uhr. Ämter und Behörden arbeiten meist Mo–Fr 8.30 bis 16.30, Banken Mo–Fr 9.30 bis 15.30 Uhr (Wechselstuben haben oft tgl. bis ca. 21 Uhr geöffnet). Museen sind meist montags, dienstags und an buddhistischen Feiertagen geschlossen und haben Mi–So 9–16 Uhr geöffnet.

Telefon

Internationale Gespräche sind von Hotels und vielen Overseas Telephone Services möglich. Günstiger ist das Fernamt (Gesprächsdauer mind. 3 Min.).

Wer sein eigenes Handy mit in den Urlaub nimmt, kann vor Ort ab 50 Baht eine Prepaidkarte kaufen (inkl. Guthaben; Karte z. B. in den 24 Std. geöffneten Supermärkten wieder aufladbar). Mit der Vorwahl 00500 (49), 007 (49) oder 009 (49) kann man günstig nach Deutschland telefonieren. Die beste (aber auch teuerste) Verbindung garantiert die Nummer 001. Von Deutschland aus sind Thailandnummern dank Billigvorwahlen günstig zu erreichen.

Internationale Vorwahlen:
- Deutschland 00149
- Österreich 00143
- Schweiz 00141
- Thailand 0066

Trinkgeld und Steuern

Trinkgelder sind in Thailand nicht unbedingt üblich, werden aber von Reiseführern, Zimmermädchen und Bedienungspersonal gern angenommen. Auf die Hotel- und Restaurantpreise können bis zu 17 % Steuern und Servicezuschlag erhoben werden.

Zoll

Zollfrei eingeführt werden dürfen alle Gegenstände des persönlichen Gebrauchs. Verboten ist die Einfuhr von Drogen, Pornografie und Waffen. Die Ausfuhr von Antiquitäten und Buddhastatuen ist verboten; Ausnahmegenehmigungen erteilt das Fine Arts Department im Bangkoker Nationalmuseum (Tel. 0 2281 6766). Dem Artenschutz zuliebe sollten Sie auf Souvenirs aus Elfenbein, Schildpatt, Schlangen- und Krokodilleder, Korallen, Muscheln usw. verzichten.

Außerdem sind die Kontrollen bei der Einreise ins Heimatland sehr scharf: Gemäß Washingtoner Artenschutzabkommen ist die Einfuhr geschützter Tiere und Pflanzen sowie aller daraus gefertigten Produkte strengstens verboten. Derlei Gegenstände werden rigoros beschlagnahmt. Für Vergehen drohen drastische Strafen. **50 Dinge** ㊹ › S. 17.

Die wichtigsten Zollfreigrenzen bei der Wiedereinreise nach Deutschland, Österreich und in die Schweiz: 200 Zigaretten, 1 l hochprozentiger Alkohol oder 2 l Wein; Geschenke im Gesamtwert von 430 € bzw. 300 CHF.

Urlaubskasse	
Tasse Kaffee	0,80 €
Softdrink	0,80 €
Bier	1,50 €
Pat Thai (gebratene Nudeln)	1,50 €
Fleischgericht	3 €
Fischgericht	3 €
Taxifahrt (Kurzstrecke 5 km)	ca. 1,80 €
Mietwagen	ab 30 € pro Tag
1 l Superbenzin	0,90 €

Register

Akha 42, 130
Aktivitäten 29
Ang Thong Marine National Park 10, 12, **110**
Anreise 27
Antiquitäten 51
Aquarien 25
Architektur 45
Ärztliche Versorgung 150
Ausrüstung 150
Ayutthaya 15, 38, 137, **138**

Badan-Tropfsteinhöhle 77
Bangkok 8, 10, 12, 13, 14, 15, 16, 22, 57, **62**
• Anreise 68
• Ausflüge von Bangkok 75
• Chatuchak Market 16, 68
• Chinatown 66
• Erawan-Schrein 67
• Golden Mount 65
• Hotels 69
• Jim Thompson House 67
• Khao San 64
• Klongs 64
• Königspalast 62
• Lak-Muang-Schrein 14, 63
• Lumpini Park 67
• Nahverkehr 68
• Nationalmuseum 14, 63
• Nightlife 73
• Nonthaburi 64
• Patpong 9, 67
• Restaurants 71
• Sanam Luang 62
• Sea Life Bangkok Ocean World 25, 67
• Shopping 65, 66, 68, 74
• Siam Square 67
• State Tower 62
• Thonburi 64
• Vimanmek Mansion 66
• Wat Arun 64
• Wat Benchamabophit 65
• Wat Mahathat 63
• Wat Pho 12, 64
• Wat Phra Kaeo 62
• Wat Saket 65
• Wat Suthat 65
• Wat Traimit 66
Bang-Pae-Wasserfall 90, 96
Bang Pa In 137, 140
Ban Ta Klang 143
Ban Tha Sawang 143
Bergvölker 10, 15, 16, 42, 113
Bevölkerung 36, 41
Botschaften 150
Brücke am Kwai 76
Buddhismus 14, 43
Busse 27

Cha-Am 86
Chakri-Dynastie 38, 62, 85
Chao Phraya 57
Chao Phraya Chakri, General 38
Chiang Mai 10, 12, 14, 15, 16, 23, 113, **118**
Chiang Rai 113, 127
Chiang Saen 128
Chinesen 42
Chinesisches Neujahr 46
Chulalongkorn, König 38

Damnoen Saduak 75
Dan Khwian 142
Diplomatische Vertretungen 150
Doi Chang Mub 130
Doi Inthanon 124
Doi Suthep 123
Doi Suthep National Park 124
Doi Tung 130

Edelsteine 17, 51
Einkaufen 51
Einreise 150
Eisenbahn 28
Elefanten 75, 140, 143, **144**
Elefantenfestival 143
Elefantenreiten 25, 29, 100, 123
Elefantentrekking 13, 85, 135
Elektrizität 150
Elephant Conservation Centre 125, 145
Erawan National Park 77
Essen 48

Fauna 40
Feiertage 46, 47
Ferien 26
Feste 46
Flora 40
Floßfahrten 30, 77
Fotografieren 151

Garküchen 8, 13, 50
Geld 151
Geografie 36
Gepäck 150
Geschichte 38
Gesundheit 151
Getränke 49
Gibbon Research Center, Phuket 96
Goldenes Dreieck 13, **128**
Golf 30

Register

Haeo-Narok-Wasserfall 141
Handy 153
Hmong 42, 124
Hongs 102
Hotels 32
Hua Hin 22, 57, 86

Impfungen 151
Informationen 152
Isaan 10, 13, 14, 23

Kaeng Krachan National Park 85
Kamphaeng Phet 134
Kanchanaburi 76
Kanutouren 12, 102
Karen 12, 43, 126
Khao Lak 89, **100**
Khao Pansa 47
Khao Phra Taeo National Park 96
Khao Sam Roi Yot National Park 57, **87**
Khao Sok National Park 89, **101**
Khao Yai National Park 23, 137, **140**
Khmer 10, 38
Khorat 16, **141**
Kinder 24
Kittikachorn, General 39
Klima 26
Ko Bida Nok 104
Ko Chang 57, **84**
Kochkurse 53
Ko Hai 15
Ko Hin Bida 104
Ko Lan 83
Ko Lanta 10, 12, 15, 89, **104**
Ko Mae Ko 110
Ko Muk 105
Konsulate 150
Ko Panyi 102
Ko Phangan 89, **110**
Ko Phing Kan 102
Ko Phi Phi 89, **103**
Ko Samet 57, **83**
Ko Samui 12, 23, 89, **105**
Ko Similan 89, **101**
Ko Surin 89, **101**
Ko Tao 89, **111**
Ko Wua Talap 110
Krabi 13, 14, 89, **102**
Krankenhäuser 150
Krankenversicherung 150
Kriminalität 152
Kultur 44
Kunst 44
Kunsthandwerk 51
Kwai 76

Lahu 42, 126, 130
Lakhon 46
Lampang 125
Lamphun 125
Lanna 38, 118
Lao 41
Lisu 42, 126, 130
Loy Krathong 47

Mae Hong Song 15, 113, **125**
Mae Sai 129
Mae Salong 113, **130**
Mae Sa Valley 124
Mangroven 40
Massagekurse 81
Massagen 80
Meditation 30
Mengrai, König 38, 118
Mien 42
Mietwagen 28
Minoritäten 42
Mongkut, König 38
Monsun 26
Mu Ko Surin National Park 101
Musik 45

Nahverkehr 28
Nakhon Pathom 75
Nakhon Ratchasima 141
Nam Tok 76
Nang Rong 143
Narai, König 138
National Elephant Conservation Centre 145
Nationalparks
• Ang Thong Marine National Park 110
• Doi Suthep National Park 124
• Kaeng Krachan National Park 85
• Khao Phra Taeo National Park 96
• Khao Sam Roi Yot National Park 57, **87**
• Khao Sok National Park 89, **101**
• Khao Yai National Park 23, **137**
• Mu Ko Similan National Park 101
• Mu Ko Surin National Park 101
• Sirinat National Park 96
Natur 40
Nong Nooch Tropical Gardens 83
Nopparat Thara 102
Notrufnummern 153

Obst 49
Öffnungszeiten 153

Pai 113, 126
Pak Chong 141
Pak Thong Chai 142
Pattaya 9, 22, 57, **78**
• Underwater World Pattaya 82
Pflanzen 40
Pflugzeremonie 47
Phang Nga 10
Phang Nga Bay 89, **102**
Phetchaburi 57, **85**
Phimai 142
Phitsanulok 135

Register

Phra Nakhon Khiri 85
Phra Pathom Chedi 75
Phra-That-Höhle 77
Phuket 22, 89, **94**
Politik 9, 36
Prasat Hin Phimai 137, **142**
Prasat Phanom Rung 137, 142

Rafflesia 102
Rama I. 38
Rama IV. 38, 85
Ramakien 46
Ramathibodi, König 38, 138
Rama V. 38
Rama VII. 86
Ramayana 46
Ramkhamhaeng, König 38
Regionaltouren 58, 90, 113, 137
Reisezeit 26
Reiten 29
Religion 43
Restaurants 50
River Kwai Bridge 76

Samak Sundaravej 39
Samlor 28
Samphran Elephant Ground & Zoo 75
San Kamphaeng 119
Schwimmender Markt (Damnoen Saduak) 75
Segeln 29
Seide 51
Shopping 51
Shows
• Alangkarn Cultural Show 82
• Phuket FantaSea 96
• Thai Village 75
• Transvestitenshows 82
Sicherheit 152
Similan Islands 89, **101**
Sirinat National Park 96
Si Satchanalai 133
Sob Ruak 129
Songkran 47
Songthaeo 28
Sport 29
Steuern 153
Stilepochen 45
Suchinda, General 39
Sukhothai 10, 15
Sukhothai Historical Park 113, **131**
Sukhothai, Königreich 38
Surin 143
Surin Islands 89, **101**

Tachilek 129
Takraw 46, 67
Tanz 46
Tauchen 29, 99, 101, 103, 105, 109
Telefon 153
Tempel 45, 134
Thai 41
Thaiboxen 12, 30, 46
Thailändische Küche 13, 48, 52
Thai-Massage 12, 81
Thaksin Shinawatra 39
Tham Khao Luang 85
Tham Khao Yoi 85
Tham Luang 130
Tham Morakot 105
Tham Phraya Nakhon 87
Thaton 131
Theater 46
Theravada-Buddhismus 43
Thonburi 64
Tiere 40
Transport 27
Trekking 12, 30, 123, 126
Trinken 48
Trinkgeld 153
Tuk-Tuk 28

Umgangsformen 16, 19, 37
Umwelt 40
Unterkunft 32

Vegetarierfest 96
Vegetation 40
Veranstaltungen 46
Verhaltensregeln 16, 19, 37
Verkehrsmittel 27
Verwaltung 36

Währung 151
Wandern 30
Wassersport 12, 29
Wat Phra That Doi Suthep 15, **123**
Wat Phra That Lampang Luang 125
Wat Phra That Mae Yen 127
Wat Tham Sua 102
Wellness 16, 80
Wetter 26
Wirtschaft 37

Zeitzone 36
Zoll 153

Impressum

Bildnachweis
Coverfoto Wat Yai Chai Mongkol, Ayutthaya © Huber Images/Luigi Vaccarella
Fotos Umschlagrückseite © GlowImages/Steve Ogle (links), Jahreszeitenverlag/Piet Keupen (Mitte); Jahreszeitenverlag/Roland E. Jung (rechts)

Alamy/John Arnold Images Ltd: U2-1; Alamy/Ben Pipe: 101; Alamy/Mervyn Rees: 135; Arun Residence: 69; Oliver Boich: 40; Chiva-Som Resort: 32; Fotolia/Bryan Busovicki: 122; Fotolia/dinar12: 17; Fotolia/Ewa-Studio: 57; Fotolia/Fotogarten: 132; Fotolia/Phoenixpix: U2-2; Fotolia/Ronen: 151; Fotolia/siamphoto: 16, U2-4; GlowImages/Dirk Bleyer: 54; GlowImages/imageBROKER/Jason Langley: 20; GlowImages/Steve Ogla: 6; U4-1; Jahreszeitenverlag/Roland E. Jung: 43, 148, 149, U2-Klappe; Jahreszeitenverlag/Philip Koschel: 51, 88, 104; Jahreszeitenverlag/Jan-Peter Westermann: 8 u; Jahreszeitenverlag/Carsten Witte: 30; laif/hemis: 22, 129; laif/Heuer: 70 84; laif/H.-B. Huber: 25; laif/Jonkmanns: 58; laif/Kirchgessner: 24, 131; laif/Redux/Josef Polleross: 27; laif/robertharding/Gavin Hellier: 34/35; laif/Sasse: 29, 111, U2-3; laif/Heiko Specht: 73; laif/The New York Times/Redux: 121; LOOK-foto/age fotostock: 26, 75; LOOK-foto/Ingolf Pompe: 98; LOOK-foto/Thomas Stankiewicz: 31; LOOK-foto/Konrad Wothe: 77; Mom Tri's Boathouse: 97; Kurt Peter: 65, 138, 140, 145; Wolfgang Rössig: 8 o, 9 o, 9 u, 10; Shutterstock/altanaka: 112; Shutterstock/apiguide: 13; Shutterstock/Bubbers BB: 45; Shutterstock/Caminoel: 127; Shutterstock/Sorin Colac: 102; Shutterstock/Daimond Shutter: 56; Shutterstock/Phil Date: 80; Shutterstock/Dimos: 83; Shutterstock/gopause: 108; Shutterstock/JPRichard: 136; Shutterstock/Kiattipong: 52; Shutterstock/Kudla: 89; Shutterstock/Pius Lee: 143; Shutterstock/Wassana Mathipikhai: 87; Shutterstock/meaofoto: 117; Shutterstock/photofriday: 41; Shutterstock/poylock19: 130; Shutterstock/MJ Prototype: 47; Shutterstock/sarsmis: 48; Shutterstock/Take Photo: 119; Shutterstock/Yuri Taranik: 62; Shutterstock/Vinai Thongumpai: 116; Thai Elephant Conservation Centre/Willawan; In-Ta Wong: 144; Tourism Authority of Thailand: 81; Mario Weigt: 14, 67, 90, 124, 133.

Liebe Leserin, lieber Leser,
wir freuen uns, dass Sie sich für diesen POLYGLOTT on tour entschieden haben.
Unsere Autorinnen und Autoren sind für Sie unterwegs und recherchieren sehr gründlich,
damit Sie mit aktuellen und zuverlässigen Informationen auf Reisen gehen können.
Dennoch lassen sich Fehler nie ganz ausschließen. Wir bitten Sie um Verständnis, dass der
Verlag dafür keine Haftung übernehmen kann.

Ihre Meinung ist uns wichtig. Bitte schreiben Sie uns:
GRÄFE UND UNZER VERLAG GmbH, Redaktion POLYGLOTT, Grillparzerstraße 12,
81675 München, redaktion@polyglott.de, Tel. 089/41 98 19 41
www.polyglott.de

1. aktualisierte Auflage 2017

© 2017 GRÄFE UND UNZER VERLAG GmbH, München

Dieses Buch wurde auf chlorfrei
gebleichtem Papier gedruckt.
ISBN 978-3-8464-0186-6

Alle Rechte vorbehalten. Nachdruck, auch
auszugsweise, sowie die Verbreitung durch
Film, Funk, Fernsehen und Internet, durch
fotomechanische Wiedergabe, Tonträger
und Datenverarbeitungssysteme jeglicher
Art nur mit schriftlicher Genehmigung
des Verlages.

Bei Interesse an maßgeschneiderten POLYGLOTT-Produkten:
Verónica Reisenegger
veronica.reisenegger@graefe-und-unzer.de

Bei Interesse an Anzeigen:
KV Kommunalverlag GmbH & Co KG
Tel. 089/928 09 60
info@kommunal-verlag.de

Redaktionsleitung: Grit Müller
Verlagsredaktion: Anne-Katrin Scheiter
Autoren: Rainer Schulz, Wolfgang Rössig
Redaktion: Dorothee Kern
Bildredaktion: Barbara Schmid und Tobias Schärtl
Mini-Dolmetscher: Langenscheidt
Layoutkonzept/Titeldesign:
fpm factor product münchen
Karten und Pläne: Theiss Heidolph und Kunth Verlag GmbH & Co. KG
Satz: uteweber-grafikdesign
Herstellung: Anna Bäumner
Druck und Bindung:
Printer Trento, Italien

PEFC/18-31-506

Ein Unternehmen der
GANSKE VERLAGSGRUPPE

Mini-Dolmetscher

Da Thai in verschiedenen Tonhöhen gesprochen wird, kann ein und dasselbe Wort verschiedene Bedeutungen haben. Das macht Thai für Ausländer schwierig. Dennoch: Versuchen Sie sich zumindest an den wichtigsten Begriffen. Im allgemeinen werden Sie aber mit Englisch gut zurechtkommen.

Die wichtigsten Begriffe in Thai

Guten Tag, Auf Wiedersehen	Sawa**dih** kah (sagen Frauen), sawa**dih** kap (sagen Männer)
Entschuldigung	kor **tod**
Das macht nichts	**mai** pen rai
Viel Glück!	tschok **dih**!
Spaß haben	san**uk**
Kein Problem	mai pen rai
danke	kop kuhn **kah** (sagen Frauen), kop kuhn **kap** (sagen Männer)
ja	**kah** (sagen Frauen), **kap** (sagen Männer)
nein	mai tschai
wann	müa**rai**
wo	tie**nai**
Tempel	wat
Museum	pipi**tah**pan
Strand	**tschai** haht
Polizei	tam**ruat**
Krankenhaus	rong pah jah **bahn**
Arzt	mor
Unfall	ubatie**het**
Diebstahl	ka**moi**
Hilfe	**tschuai duai**
Restaurant	lahn a**hahn**
(nicht) scharf	(mai) **pet**
Bus(bahnhof)	(sata**nih**) rot meh
Bahn(hof)	(sata**nih**) rot **fai**
Taxi	**tek**si
Ausländer	**fa**rang
Toilette	hong **nahm**
wie viel (kostet es)?	tau **rai**?
(zu) teuer	**päng** bai
eins	nüng
zwei	sohng
drei	sahm
vier	sih
fünf	hah
sechs	hog
sieben	dschet
acht	pät
neun	gao
zehn	sip
elf	sip et
zwölf	sip sohng
zwanzig	je sip (oder: jip)
einundzwanzig	je sip et (oder: jip et)
dreißig	sahm sip
vierzig	sie sip
hundert	nüng roy
zweihundert	sohng roy
eintausen	nüng pan

Das Wichtigste in Englisch

Allgemeines

Ich heiße ...	My name is ... [mai **nehm**‿is]
Morgen	morning [**moh**ning]
Nachmittag	afternoon [after**nuhn**]
Abend	evening [**ihw**ning]
Nacht	night [nait]
Wie bitte?	Pardon? [**pah**dn]
Ich verstehe nicht.	I don't understand. [ai **dohnt** ander**ständ**]
Wie heißt das?	What is this called? [**wott**‿is ðiß **kohld**]
Wo ist ...?	Where is ...? [**wäar**‿is ...]
Können Sie mir helfen?	Can you help me? [**kän**‿ju **hälp**‿mi]

Shopping

Wo gibt es ...?	Where can I find ...? [wäa kan‿ai faind ...]
Wie viel kostet das?	How much is this? [**hau**‿matsch is‿ðiß]
Geben Sie mir 1 kg Bananen	Could I have a kilogram of bananas. [kud‿ai häw‿ə **killə**grämm‿əw bənanəs]

Essen und Trinken

Die Speisekarte, bitte.	The menu please. [ðə **män**nju plihs]
Brot	bread [bräd]
Kaffee	coffee [**koffi**]
Tee	tea [tih]
Orangensaft	orange juice [**orr**ən**dseh**‿dsehuhs]
Suppe	soup [ßuhp]
Fisch / Meeresfrüchte	fish / seafood [fisch / **ßih**fud]
Fleisch / Geflügel	meat / poultry [miht / **pohl**tri]
Reis	rice [reiß]
Gemüse	vegetable [**wädsch**təbl]
Salat	salad [**ßäl**əd]
Obst	fruit [fruht]
Bier	beer [biə]
Mineralwasser	mineral water [**minn**rəl wohter]